윤희에게

시나리오

윤희에게 시나리오

1판1쇄 펴냄 2020년 1월 3일
1판6쇄 펴냄 2023년 7월 20일

각본 임대형
스틸 서지형 | **캘리그래피** 빛나는 | **시나리오 한일 번역** 김영희 | **배우 인터뷰 번역** 김효근
일본어 감수 전진용, 카사하라 미나코, 조민정, 고경란
원작 영화 〈윤희에게〉
© 2019 LITTLE BIG PICTURES, KTH & FILM RUN. ALL RIGHTS RESERVED.

펴낸이 김경태 | **편집** 홍경화 남슬기 한홍비
디자인 박정영 김재현 | **마케팅** 유진선 강주영 | **경영관리** 곽라흔
펴낸곳 (주)출판사 클
출판등록 2012년 1월 5일 제311-2012-02호
주소 03385 서울시 은평구 연서로26길 25-6
전화 070-4176-4680 | 팩스 02-354-4680 | 이메일 bookkl@bookkl.com
ISBN 979-11-90555-00-5 03680

출판사 클의 책을
만나보세요.

윤희에게

시나리오

각본 임대형

차례

시
나
리
오

일러두기

1. 이 책의 일부 맞춤법과 일본어 표기는 작가의 의도를 따른다.
2. 시나리오 속 편지 대사와 영화 속 편지 대사는 내용이 다르다. 시나리오 뒤에 실린 편지는 영화 속 편지 대사이다.
3. 이 책에 등장하는 용어의 의미는 아래와 같다.

V. O.(보이스 오버)

화면에 등장하지 않은 인물이 대사나 해설을 하는 것을 말한다. 여기서는 인물이 대사를 하는 경우에만 V. O.를 명시했고, 내레이션의 경우에는 'OO 목소리'로 표기했다.

Insert(인서트)

신scene(#)과 신 사이에 들어가는 삽입 이미지를 가리킨다.

Cut to(컷 투)

일반적으로 다른 신으로 바꾸는 것을 일컫는다. 여기서는 동일한 신에서 공간이 바뀌지 않고 시간이 흐른 경우, 또는 무드가 바뀌는 경우에 한해 사용했다. 공간이 같고 시간이 흐른 경우일지라도 신의 주제와 목표가 달라진다면 신으로 분할했다.

몽타주

여기서는 오타루의 공간들을 촬영한 숏과 숏을 이어 붙여 이 영화만의 특별한 공간적 의미를 만들고자 할 때 활용했다.

#1.　　　　　　　　　일본 / 치토세선 오타루행 열차 내부 / 낮

화면 블랙 상태로 기차 소리 다가온다. 화면 서서히 밝아지면, 열차의 창밖으로 보이는 풍경. 열차가 눈 쌓인 마을을 지나고, 마을과 인접한 바다를 지난다. 오랫동안 창밖 풍경이 보인다. 그 위로 오프닝 크레디트 오른다.

#2.　　　　　　　　　일본 / 마사코와 준의 집 / 준의 방 / 낮

좌식 가구들이 배치되어 있고, 곳곳에 책들로 가득한 이층 방. 창밖 멀리에서 기차 지나가는 소리가 들린다. 염색을 하지 않은 흰머리의 여성 **마사코**(71), 바닥에 앉아 옷장에 넣을 옷들을 개고 있다. 옷을 다 개놓고 방을 구경하듯 훑어본다. 마사코의 시선이 근처의 앉은뱅이책상 위로 향한다.

책상 위에는 웬 편지 한 장이 놓여 있다. 받는 이의 주소는 적혀 있지만 보내는 이의 주소란은 비어 있는 편지. 책상 앞으로 와 앉아 편지를 집어드는 마사코, 두 손으로 편지를 들어본다.

마사코　　　Yun… Hee… (사이) 윤희.
　　　　　　ユンヒ。

얼마간 그대로 편지를 보고 있는 마사코.

#3.   일본 / 우체국 앞 / 낮

눈이 내리고 있다. 마사코, 우체국 앞의 우체통을 지나쳐 걸어가다
가 멈춰 선다. 얼마간 그렇게 서 있다가 우체통 앞으로 되돌아오는
마사코, 주머니에서 편지를 꺼내 우체통에 넣어버린다. 다시 돌아서
가던 길을 가는 마사코. 걸어가는 마사코의 뒷모습이 멀어진다.

마사코   눈이 언제쯤 그치려나…
             雪はいつやむのかしら…

#4.   한국 / 윤희와 새봄의 아파트 외부 / 일층 현관 / 낮

아파트 일층 우편함. 한 우편함에 각종 고지서들과 우편물들이 꽂혀
있다. 겉에는 두꺼운 코트를 입고, 목도리를 두르고, 안에는 교복을
입고, 작은 필름 카메라를 목에 걸고 있는 **새봄**(19), 우편함 앞으로
걸어와 우편물들을 꺼내 하나하나 확인한다. 그중에서 뜻밖의 편지
를 발견하고 자세히 들여다본다.

새봄 목소리   윤희에게.

얼마간 편지를 든 채 가만히 서 있는 새봄.

#5.   **한국 / 윤희와 새봄의 아파트 내부 / 낮**

부엌의 식탁 위에 새봄이 가져온 각종 고지서들이 대충 놓여 있고, 일본의 우표와 국제우편 소인이 찍힌 편지는 봉투가 찢어지지 않도록 세심하게 열려 있다. 봉투에는 영어로 홋카이도 오타루 지역의 주소지가 적혀 있다. 보낸 이의 이름은 'Jun Katase'.

새봄 목소리   잘 지내니? 오랫동안 이렇게 묻고 싶었어.

새봄은 윤희의 방 침대에 걸터앉아 사진 앨범을 한 장 한 장 넘겨보고 있다. 서랍장들이 마구 열려 있고, 침대 위에는 윤희의 고등학교 졸업앨범을 비롯한 각종 사진 앨범들이 어지럽게 널려 있다. 앨범을 넘기다가 멈추는 새봄, 앨범의 한 면에 시선을 고정한다. 한 면에 가득한 한 여학생의 옛 사진들. 한 사진 위에 '쥰 1994'라고 적은 낙서가 보인다.

새봄 목소리   너는 나를 잊었을 수도 있겠지? 벌써 이십 년이 지났으니까.

아무도 없는 방과 후의 교실. 겨울의 볕이 창문을 뚫고 교실 안으로 꺾여 들어온다. 새봄이 홀로 자기 책상에 앉아 편지를 읽고 있다. 편지지에 빼곡하게 적혀 있는, 정갈한 한국어 글씨.

새봄 목소리　갑자기 너한테 내 소식을 전하고 싶었나봐. 살다보면 그럴 때가 있지 않니? 뭐든 더 이상 참을 수 없어질 때가.

새봄, 편지지를 코에 가져가 숨을 크게 들이마신다. 그때, 교실 문 똑똑 두드리는 소리. 새봄, 놀라서 소리가 난 교실 앞문 쪽을 보면, 아무도 없다. 잠시 후 새봄과 같은 학교의 교복을 입고 있는 **경수**(20)가 문을 열고 무표정한 얼굴을 내민다.

경수　　　왜 안 나와.

새봄　　　안 갔어?

경수　　　드라이브 갈래?

그제야 얼른 편지를 노트 안에 끼워넣고, 가방을 챙기는 새봄. 가방에서 필름 카메라를 꺼내 목에 건다.

하굣길 운동장. 체육복 차림의 저학년 학생들이 학교 쪽을 향해 뛰어가고 있다. 새봄과 경수는 저학년 학생들과 반대 방향으로 걷고 있다.

경수　　　　저번에 우리 누나 차 긁었던 데 있잖아… 우측 뒷범퍼 쪽에. 그거 누나가 아직 모른다? 붓질했더니 감쪽같애.

새봄　　　　다행이네.

경수　　　　그래서 당분간 누나 차는 안 될 것 같아. 대신 아빠 차 있어.

새봄　　　　(사이) 응.

경수　　　　무슨 일 있어?

새봄　　　　아니. 그냥 몸이 좀 무겁네. 나 오늘은 드라이브 못 가.

경수　　　　(걱정스럽다는 듯) 왜. 어디 아픈 거야?

새봄　　　　응, 쫌.

경수　　　　어디가 아픈데? 병원 안 가도 돼?

새봄   그 정돈 아냐.

걷다가 바닥에서 무언가를 발견하고 걸음을 멈추는 새봄. 경수도 덩달아 멈춰 선다. 운동장 바닥에 버려져 있는 찢어진 장갑 한 켤레. 새봄, 카메라를 들어 얼른 그것을 찍는다. 빵 터지는 플래시. 경수, 새봄이 사진을 찍자마자 찢어진 장갑을 줍는다. 장갑에 묻은 흙을 떨고 주머니에 넣는다.

경수   나 요즘 리폼하는 게 취미잖아. 꿰매서 써야지…

새봄   너는 할 거 없어서 좋겠다. (다시 걸으며) 대학은 좀 알아봤어?

경수   (따라가며) 아직.

새봄   학과는, 정했어?

경수   아직. 어떻게 되겠지 뭐.

새봄   나도 너처럼 생각 없이 막 살아보고 싶다.

경수   나 나름대로 생각 많이 하면서 살아…

운동장을 빠져나가는 새봄과 경수가 멀리서 보인다.

그 위로 메인타이틀 :

윤희에게

#8.   **한국 / 윤희와 새봄의 아파트 내부 / 거실 / 밤**

피곤하고 수척해 보이는 얼굴로 식탁에 앉아 밥을 먹고 있는 **윤희**(45).
마른 반찬 몇 접시와 찌개가 식탁에 올라와 있다. 새봄이 밥 한 그릇
을 들고 식탁에 와서 앉는다.

새봄   엄마. 나 원서접수비 필요해.

윤희   (새봄을 보지 않고 밥을 먹으며) 응.

새봄   나 서울로 가고 싶은데, 그럼 다 사립으로 써야 돼.

윤희   (그제야 피로한 눈으로 새봄을 본다)

새봄   (의아해한다)

윤희   그렇게 해.

새봄   우리 사정에 괜찮겠어? 나 지방 국립대 갈 성적은 돼.

15

윤희   그런 건 네가 신경 쓸 거 아냐.

새봄   알았어.

잠시 어색한 침묵. 새봄, 밥을 한 큰술 떠먹는다. 윤희의 안색을 살핀다.

새봄   엄마 요즘 일 많이 힘들어? 피곤해?

윤희   괜찮아.

새봄   나 알밥 먹고 싶다. 엄마가 해주는 알밥 진짜 맛있는데.

윤희   (사이) 다음에.

한 손으로 다른 쪽 손목을 주무르는 윤희.

#9.   **한국 / 버스 정류장 / 낮**

버스 정류장에 중년의 여성 몇 명과, 머리를 뒤로 대충 동여맨 윤희가 서 있다. 정류장의 중년 여성들에 비하면 조금 어려 보이는 윤희. 그들의 앞으로 와서 멈추는 십이인승 승합차.

#10.   한국 / 읍내도로 / 통근 차량 / 낮

차량 내부. 창가 쪽 자리에 앉은 윤희, 표정 없는 얼굴로 창밖을 본
다. 윤희의 시선으로 보이는 좁은 창 너머 길가의 앙상한 나무들. 윤
희, 차창에 얼굴을 기댄다.

차량 외부. 한적한 이차선 국도를 달리는 십이인승 승합차가 직선
길을 달리다가 내리막길로 빠진다.

#11.   한국 / 공장 앞 / 낮

공장 앞으로 와서 멈춰 서는 승합차. 사람들과 윤희가 내린다. 공장
안으로 걸어 들어간다.

#12.   한국 / 공장 구내식당 / 낮

분주한 구내식당. 음식을 받으려고 식판을 들고 줄지어 서 있는 노
동자들. 줄은 끝도 없어 보인다. 조리원 복장을 한 윤희, 김이 모락모

락 올라오는 커다란 밥솥 앞에 서서 커다란 주걱으로 밥을 휘휘 젓고 있다.

#13.   한국 / 윤희와 새봄의 동네 / 전봇대 가로등 / 밤

가로등 아래에서 담배를 피우고 있는 윤희, 행인이 지나가자 몸을 돌린다. 다 피웠는지 바닥에 담배를 비벼 끄고 바닥에 있는 분유통에 버린다. 담배 냄새를 없애기 위해 옷을 털고, 가방에서 섬유향수를 꺼내 옷에 뿌린다.

#14.   한국 / 윤희와 새봄의 아파트 외부 / 아파트 복도 / 밤

윤희, 천천히 아파트 복도를 걷고 있다. 윤희가 걸을 때마다 아파트 복도의 센서등이 차례대로 켜진다. 자신의 옆집 현관문 앞에서 경계하며 걸음을 멈추는 윤희. 윤희의 집 현관문에 기대어 쪼그려 앉아 있던 **인호**(45)가 일어나면서, 센서등이 켜지고 인호의 모습이 드러난다. 취해서 비틀거리는 인호, 윤희를 가만히 본다.

인호   늦네.

윤희   깜짝 놀랐잖아.

인호   맨날 이렇게 늦나.

윤희   (사이) 오늘은 오후반이야.

인호   그렇게 안 살아도 되잖아. 왜 그렇게 힘들게 살아.

윤희   저기, 나 피곤해.

인호   (윤희를 뚫어져라 본다) 너는 안 늙는다?

윤희   (한숨 푹 내쉰다)

인호   윤희야. 너 혹시, 누구 생기면 나한테 꼭 말해줘야 돼.

윤희   새봄이 봤으면 가. (현관문 손잡이를 잡고 열려고 한다)

인호   (그런 윤희의 손목을 움켜잡으며) 우리 딸 벌써 보고 나왔
         지. (들고 있던 투명 약봉지를 윤희에게 건넨다) 너 요즘
         많이 피곤하다며. 영양제야.

윤희   놔, 이거.

인호   (놓지 않는다)

윤희   당신 취할 때마다 찾아오는 거 이제 무서워.

인호   (충격을 받았다는 듯 윤희의 손목을 움켜쥐었던 손의 힘을
            서서히 푼다)

윤희, 인호의 팔을 밀쳐내고 인상을 찌푸리며 손목을 주무른다. 현
관문 열고 들어가서 문 닫는다. 안쪽에서 바로 문 잠그는 소리. 인
호, 현관문 손잡이에 맥없이 약봉지 건다. 그대로 얼마간 가만히 서
있는다. 센서등이 꺼진다.

#15.   **한국 / 경찰서 / 사무실 / 낮**

경찰서의 사무실. 분주하게 일하고 있는 직원들 모습이 보인다. 일
을 하다 말고 기지개를 펴는 **은영**(50), 어딘가를 힐끔 봤다가 놀라며
다시 본다. 자리에서 일어난다.

은영   (맞은편 자리의 누군가를 보며) 계장님. 계장님?

은영의 맞은편 자리에서 덩달아 일어나 은영의 시선이 향한 곳을 보
는 인호. 경찰복을 입고 있다.

복도 끝, 의자가 양쪽 벽에 붙어 있는 휴게 공간. 인호와 새봄이 종이컵을 하나씩 들고 마주 앉아 있다. 인호는 커피를 다 마신 후 빈종이컵을 물어뜯고 있고, 새봄은 어딘가를 보고 있다.

새봄　　　근데 저분은 왜 저기서 저러고 있어?

인호　　　응, 방해 안 하겠다고…

새봄　　　설마 정말 방해가 안 된다고 생각하는 건가.

새봄의 시선이 향한 곳 멀리에 서 있는 은영, 스카치 캔디를 까먹다가 인호와 새봄이 자신을 보고 있는 것을 깨닫는다. 얼른 새봄을 향해 입모양만으로 "안녕"이라고 말하며 수줍게 인사한다. 새봄, 은영의 시선이 불편한 듯 인호의 옆자리로 와서 앉는다.

새봄　　　아빠.

인호　　　응.

새봄　　　왜 대답 안 해. (사이) 엄마랑 왜 헤어졌어?

인호　　　(새봄을 보며 작고 긴 한숨을 내쉬더니, 주머니에서 스카치 캔디를 꺼내며) 새봄이 사탕 먹을래?

21

새봄   웬 사탕?

인호   아빠가 요즘 담배를 끊었거든. (불안한 듯 스카치 캔디의 봉지를 뜯어 캔디를 입에 넣는다)

새봄   담배 피고 싶구나?

인호   아빠 너무 갑작스럽다.

새봄   그래도 내가 언젠가 이런 질문할 줄 몰랐어? 툭 치면 나올 정도로 준비를 해뒀어야지.

인호   이유를 막론하고, 아빠랑 엄마가 새봄이한테 잘못했지 뭐.

새봄   그런 거 말고.

인호   (사이) 새봄아. 이런 얘기는, 술 먹으면서 하는 거야. 너 수능도 끝났겠다, 아빠가 술 한잔 사줄까?

새봄   (고개 저으며) 아빠. 지금이 아니면, 앞으로 나한테 설명할 수 있는 기회가 없을 거야. 영영.

인호   (무슨 생각 끝에 한숨 내쉬며 사탕을 빈 종이컵에 뱉는다)

새봄   (갑자기 왜 그러나 싶다)

인호   니네 엄마는, 뭐랄까…

새봄   응.

인호   사람을 좀…

새봄   응.

인호   (사이) 외롭게 하는 사람이야.

새봄   (무슨 말을 하지 못하고 인호를 가만히 보고 있다)

인호   (무슨 말을 한 건가 싶은) 아빠 말이 좀 어렵지? 조만간 아
          빠랑 술 한잔하자.

새봄   (사이) 아냐, 하나도 안 어려워.

인호, 멀리 서 있는 은영의 눈치를 보며 주머니에서 오만 원 지폐를
꺼내 새봄의 손에 쥐여준다. 새봄, 은영 쪽을 보면, 미소를 보이며 새
봄에게 손 흔들어 인사하는 은영, 인호에게 그만 들어가보겠다는 손
짓을 하고는 사무실 문 열고 들어가버린다.

새봄   나 갈게.

인호   벌써?

새봄   (일어나며) 응, 약속 있어.

새봄, 자리에서 일어나 인호에게 손 흔들어 인사하고 몇 걸음 걸어
간다. 가다 말고 뒤돌아본다.

새봄   아빠.

인호   (덩달아 일어나며) 응, 새봄아.

새봄   저분한테 잘해.

인호, 대답 없이 새봄을 진지하게 응시하다가, 슬쩍 웃어 보인다. 뒤
돌아 다시 복도를 걷는 새봄. 인호, 주머니에서 스카치 캔디를 한 개
더 꺼낸다.

#17.   **한국 / 용호의 사진관 / 낮**

새봄, 사진관 벽면에 붙어 있는 어떤 사진을 유심히 보다가, 비뚤게
걸려 있는 액자를 수평에 맞게 바로잡아준다.

용호   (V. O.) 새봄이 일로 들어와!

새봄   네, 삼촌!

새봄, 용호의 목소리가 들린 곳으로 향한다. 새봄이 보고 있던 사진

은 어린 시절 윤희의 사진이다. 벽면에 윤희의 사진이 오랜 세월 비
뚤게 걸려 있던 흔적이 보인다.

Cut to

새봄이 정면으로 보인다. 증명사진 배경.

새봄   삼촌. 저 엄마 안 닮았죠? 엄마 예쁘잖아요.

용호   (V. O.) 고개 살짝 왼쪽으로 해볼까.

새봄   (고개 살짝 왼쪽으로 하며) 저 아빠 닮은 것 같아요.

용호   (V. O.) 새봄이는 엄마 닮았지.

새봄   그래요? (기분 좋다)

용호   (V. O.) 그럼. 특히 그렇게 웃을 때 많이 닮았지. 더 웃어볼
           까.

새봄   (웃는다)

용호   (V. O.) 너무 웃었다. 살포-시 웃어볼까. 살포-시.

새봄   (살짝 웃는다)

용호   (V. O.) 좋다!

카메라 플래시 터지면서 찍히는 새봄의 사진. 새봄의 삼촌 **용호**(50), 카메라의 뒤에서 맞은편의 새봄을 보고 있고, 새봄은 의자에 앉아 카메라를 보고 있다.

새봄   엄마 어렸을 때 인기 많았어요?

용호   인기 많았지. 여기 예산에 꼬추 달린 놈들 중에서 니 엄마
             안 좋아한 놈이 없었어.

새봄   (표정 구기며) 으… (사이) 근데 엄마 여고 나온 거 맞죠?

용호   그렇지.

새봄   아…

용호   원래 여학교 애들이 남자애들한테 더 인기가 많아요. 새봄
             이 바로 가야 되나. 삼촌이 사진 바로 뽑아줄게, 좀만 놀다
             가.

새봄   그럼 여자애들한텐 인기 없었어요?

용호   (뷰파인더를 보다 말고 새봄을 의아하다는 듯 본다)

새봄   (얼버무리는) 그게 진정한 인기거든요.

Cut to

새봄의 손에 들려 있는 평범한 읍내 풍경 사진. 수평이 맞지 않았다. 사진을 넘겨 다음 장의 사진을 보면, 바닥에 찌그러진 음료수 캔을 찍은 사진, 전봇대의 전깃줄을 찍은 사진… 무성의해 보이지만 일관성 있게 냉담한 듯한 시선의 사진들이다.

오래된 가구들과 각종 액자 사진들로 가득 찬 사진관 내부. 조용하다. 용호의 계산대 겸 책상 맞은편 소파에 앉아 사진을 보고 있는 새봄과, 책상에 앉아 마우스를 움직이며 컴퓨터 모니터를 보고 있는 용호. 바둑돌 놓는 소리가 들리는 것으로 보아 용호는 인터넷 바둑을 두고 있는 듯하다. 새봄과 용호의 앞에는 각각 전기난로가 한 대씩 있다.

용호   새봄이 인물 사진은 안 찍니?

새봄   네. 저는 아름다운 것만 찍거든요.

용호   (피식 웃으며) 심오하네. 니 엄마는 인물 사진을 기똥차게 잘
          찍었어.

새봄   아… 그래요?

용호   새봄이 사진 좀 부지런히 찍어. 그래야 삼촌한테 자주 오지.

새봄   네.

용호의 뒤편 벽면에는 용호가 다니는 교회 증정의 달력이 걸려 있다.

새봄   삼촌. 근데 삼촌은 왜 저희 엄마랑 사이가 안 좋아요?

용호   그래? 우리 사이가 안 좋나.

새봄   그래 보여서요. 솔직히 할아버지 할머니 제사 지내는 날 말
         고는 서로 안 보시잖아요.

용호   에이… 삼촌이랑 엄마랑 사이 좋아. 먹고사느라고 바빠서
         그렇지.

새봄   그렇구나.

용호   그럼.

새봄   삼촌. 엄마 얘기 좀 해주세요. 뭐 재밌는 얘기 없어요?

용호   (새봄을 힐끔 봤다가, 계속 컴퓨터 모니터 보는 척하며) 엄
         마 얘기? 무슨 엄마 얘기.

새봄   그냥요. 집에 가서 엄마 놀려주려고요.

용호   재밌는 얘기라… 재밌는 얘기… (컴퓨터 모니터 너머로 새
         봄을 본다) 왜, 새봄아. 혹시 엄마한테 무슨 일 있어?

새봄   네? 아뇨?

용호   오늘따라 새봄이가 이상하네. 왜 자꾸 삼촌한테 엄마에 대
         해서 물어봐.

새봄   (고개 갸웃하며) 그게 왜 이상해요. 그럼 삼촌한테 물어보
         지, 누구한테 물어봐요.

용호   (그런 새봄을 계속 이상하다는 듯 본다)

새봄   사진 나오려면 오래 걸려요?

용호   (다시 컴퓨터 화면으로 시선을 돌려 계속 바둑 두며) 응,
         금방 돼.

새봄   지금 바둑 두시잖아요. 빨리 해주세요.

용호   응, 응.

Cut to

사진관 앞. 문 열고 나오는 새봄. 어디론가 걸어간다. 용호, 머지않아
새봄을 따라 문을 열고 밖으로 고개를 내민다. 새봄을 찾는다.

한적한 시골 강변. 긴 검정색 승용차 한 대가 강을 마주 본 채로 주
차돼 있고, 새봄은 승용차 조수석 쪽에 기대어 서서 담배를 피우고
있다. 내려가는 조수석 창문.

경수   (V. O.) (차 안에서) 안 추워?

새봄   창문 닫아, 담배 냄새 들어가.

다시 조수석 창문을 올리는 경수, 운전석 문을 열고 나와 새봄의 옆
으로 와서 선다. 경수는 새봄의 카메라를 손에 들고 있다.

경수   (카메라 어딘가를 가리키며 새봄에게 몸을 바짝 붙인다)
           여기 이 바늘은 뭐야.

새봄   (경수에게 살짝 떨어져 담배 들고 있는 손을 경수에서 먼
           쪽으로 치우며) 초점 거리랑, 조리개 수치.

경수   아, 귀찮네…

새봄   (담배를 탈탈 털어 끄고 경수에게 카메라를 뺏어서 목에
           건다) 귀찮으면 그냥 배우지 마.

경수   나도 필카 한 대 살까. 넌 그거 어디서 샀어?

새봄   야, 멍청아, 허세 부리지 마. 너 같은 애들이 카메라 사지?
       카메라에 먼지만 쌓여.

경수   (자존심 상하는) 그런 건 두고 봐야 알지…

새봄   (경수를 귀엽다는 듯 빤히 보다가) 야, 너도 서울로 대학
       와라.

경수   나는 점수가 안 되잖아.

새봄   재수하면 되잖아. 서울에서 재수 학원 다녀.

경수   나는 벌써 일 년 꿇었잖아. 그리고 내가 재수한다고 될까…

새봄   그럼 나랑은 어떡할 건데. 나는 서울로 갈 거야.

경수   (사이) 뭘 어떡해. 장거리 연애하면 되지. 아, 추워.

경수, 도망치듯 다시 차 안으로 들어가버린다. 새봄, 한숨을 푹 내쉰
다.

Cut to
창 너머로 운전석의 경수와 조수석의 새봄이 나란히 앉아 있는 모습
이 보인다.

새봄   이 카메라, 엄마가 쓰던 거다? 원래 고장 났던 건데, 내가

고쳐서 쓰는 거야.

경수   아, 그렇구나… 나도 집 가면 좀 뒤져봐야겠다.

새봄, 그런 경수를 보다가, 돌연 얼굴을 장난스럽게 바꾸며 경수의
정수리에 검지를 가져간다. 경수가 피하면 또 장난스레 정수리에
검지를 대본다. 경수, 또 피한다. 서로 피식피식 웃다가 마주 보는
경수와 새봄. 잠시 어색한 침묵. 돌연 경수에게 달려들어 입을 맞추
는 새봄.

경수   (새봄에게서 입술을 떼며) 뭐야, 왜. 갑자기.

새봄   왜. 지금 아냐?

경수   아니, 그게 아니라…

새봄   뭐.

경수   아니, 너 담배 냄새 나…

새봄   (쑥스러워 헤헤 웃으며) 그래서 싫어?

경수   아니, 딱히 그런 건 아닌데…

새봄   (다시 제자리로 와서 앉으며) 아, 쪽팔려…

사이.

새봄   (경수를 뚫어져라 보며) 야. 너는 혹시 나 두고 야한 생각
               같은 거 안 해?

경수   (사이) 응?!

새봄   나는 자주 하는데. 너 혹시 나랑 그거 하고 싶을 때 없어?

경수   그게 뭔데. (새봄이 계속 보자 시선 피하며) 뭐. 갑자기 또
               왜 그래… 안 그래도 나 참기 힘들어.

새봄   왜 참는데? 너 나한테 물어본 적도 없잖아. 내가 싫다고 한
               적도 없고.

경수   (사이) 너 아직 미성년자잖아. 난 성인이고.

새봄   (경수가 귀엽다는 듯 피식 웃으며) 야, 그게 뭐야… 너 진
               짜 웃긴다… 뭐야. 법이 그렇다 그거야? 그럼 한 달 뒤부터
               는 안 참을 거냐?

경수   놀리지 마…

새봄   (간신히 웃음을 멈추고 귀엽다는 듯 바라보며) 너도 그런
               생각 하는구나?

새봄, 다시 공격적으로 달려들어 경수의 입에 자신의 입을 맞추려는데, 확 떨어지는 경수.

경수   (V. O.) (아프다는 듯) 아! 아! 뭐야!

새봄   (V. O.) 응?

경수   (V. O.) 카메라! 카메라! 카메라 배겼어!

새봄   (V. O.) 아. 미안. (놀라서 카메라 치우며 멋쩍게 일어난다)

경수   (V. O.) 아, 진짜 아팠어…

#19.   한국 / 윤희와 새봄의 동네 / 전봇대 가로등 / 밤

밤하늘에 떠 있는 초승달. 한적한 동네 어귀. 가로등 아래 쪼그려 앉아 있는 윤희, 담배를 바닥에 비벼 끈다. 담배 냄새를 없애기 위해 일어나 옷을 털고, 가방에서 섬유향수를 꺼내 옷에 뿌린다. 하지만 힘든지 곧 다시 쪼그려 앉아버리는 윤희.

#20.　　　　　한국 / 윤희와 새봄의 아파트 외부 / 일층 현관 / 밤

우편함에 들어 있는 각종 고지서들과 우편물들을 꺼내드는 윤희가
멀리서 보인다. 윤희, 우편물들을 하나하나 확인하며 엘리베이터 쪽
으로 걷다가 우뚝 멈춰 선다. 가까이서 보니 윤희가 손에 들고 보고
있는 것은 편지다. 점점 숨이 차오르는 윤희, 호흡이 빨라진다. 가위
에 눌린 것처럼 움직이지 못한다.

#21.　　　　　한국 / 윤희와 새봄의 아파트 내부 / 거실 / 밤

소파에 양반다리하고 앉아 귤 까먹으며 노트북으로 유튜브를 보고
있는 새봄. 윤희, 현관문 열고 들어온다. 새봄, 스페이스바 눌러 화면
정지시킨다.

새봄　　　(입안에 든 귤을 씹다 말고, 들어오는 윤희를 보며) 엄마
　　　　　왔어?

윤희　　　응.

윤희, 바로 자기 방문 열고 들어가 방문 닫는다. 닫힌 윤희 방문 쪽
을 보며 다시 귤을 씹기 시작하는 새봄.

파란 새벽. 통근 차량이 정차돼 있고, 문이 열려 있다. 윤희는 가만히
서서 어떤 생각을 하고 있다. 윤희의 동료 **옥화**(48)가 문을 잡고 윤
희를 걱정스럽다는 듯 보고 있다.

옥화   무얼 하오?

운전자   안 타요?

손목을 주무르기 시작하는 윤희.

윤희의 동료1 미쳤나봐.

운전자   아이씨… 그냥 갑니다?

윤희의 동료2 아 그냥 가요!

옥화 옆쪽의 윤희의 동료 2, 차문을 닫아버린다. 통근 차량 지나가
면, 남아 있는 윤희, 계속 손목을 주무르고 있다.

#23.   한국 / 보행로 / 낮

윤희, 생각에 잠겨 걷고 있다. 윤희의 정신을 깨우는 기차 소리. 윤희의 옆으로 기차가 빨리 지나간다. 멈춰 서서 주변을 둘러보는 윤희. 여기가 어딘지 모르겠다는 눈치다.

#24.   한국 / 새봄의 고등학교 내부 / 교실 / 낮

쉬는 시간. 학생들이 드문드문 앉아 있는 교실. 새봄, 책상에 엎드려 있다. 새봄의 앞자리로 와서 앉는 경수, 검지로 새봄의 어깨를 톡톡 두드린다.

경수   야. 박새봄.

새봄   (엎드린 채로) 니네 반 가서 놀아.

경수   (새봄의 어깨를 몇 번 두드리며) 나 이제 누나 차 돼. 드라이브 갈래?

새봄   오늘은 안 돼.

경수   아, 왜… (새봄의 어깨를 한 번 더 톡 두드리며) 야.

새봄   그냥 가…

경수   무슨 일인데.

미동도 하지 않는 새봄. 경수, 그런 새봄을 걱정스럽다는 듯 보다가,
주머니에서 무언가를 꺼내 새봄의 뒷목 위에 올려놓는다. 그것은 경
수가 주웠던 찢어진 장갑이다. 엉성하지만 촘촘하게 꿰맨 장갑.

경수   이거 내가 리폼한 거야. 크리스마스 선물. (사이) 좀 괜찮
        아지면 연락해.

#25.   한국 / 새봄의 고등학교 외부 / 구석진 곳 / 낮

새봄, 아무도 없는 학교 건물 구석진 곳에 쪼그려 앉아 있다. 이를
악물고 씩씩거리며 서럽게 눈물을 흘린다. 눈물이 날 때마다 옷소매
로 콕콕 닦아낸다. 쉬는 시간이 끝나는 종이 울리지만 새봄은 계속
그렇게 쪼그려 앉아 운다.

귤의 겉면에 남아 있는 하얀 껍질을 마저 뜯고 있는 새봄의 손. 귤은 하얀 껍질이 거의 없는 깨끗한 주황이다. 새봄, 식탁에 앉아 귤껍질을 계속 뜯으며 윤희를 뚫어져라 보고 있다. 싱크대에서 쌓인 설거지를 하고 있는 윤희의 뒷모습.

새봄   엄마. 나 알밥 언제 해줄 거야?

윤희   (잠시 멈칫하며) 엄마가 일 갔다 오면 정신이 안 드네. 미안.

새봄   알았어.

사이.

새봄   엄마 어렸을 때 인기 많았다며? 삼촌이 그러더라?

윤희   또 삼촌한테 갔었니?

새봄   삼촌이 내 필름 공짜로 현상해주잖아.

윤희   다른 데 가서 돈 주고 해, 자꾸 신세지지 말고. 그거 다 빚이야.

새봄   알았어.

사이.

새봄   엄마. 엄마는 뭣 땜에 살아?

윤희   (새봄 쪽을 보며) 얘가 오늘 왜 이래?

새봄   그냥, 궁금해서.

윤희   (다시 몸을 돌리며) 뭣 땜에 살아… 자식 땜에 살지.

새봄   (사이) 나는 내가 뭣 땜에 사는지 모르겠거든. 그래서 철학
        과 가려고.

윤희   철학과?

새봄   응.

윤희   (사이) 그렇게 해.

새봄   말려야 되는 거 아냐? 아니 뭐, 취직에 도움이 되는 학과로
        가라든지… 그런 얘기 나오는 게 정상 아냐, 우리 사정에?

윤희   네가 하고 싶은 공부가 있다는데 엄마가 무슨 수로 말려.

새봄   알았어. 근데 엄마 이제 나 때문에 안 살아도 돼. 나 이제
          서울로 대학 가면 여기 자주 안 올 거야.

윤희   (사이) 너는 무슨 말을 그렇게 섭섭하게 해.

새봄   나 자꾸 신세지게 만들지 마. 그거 다 빚이야.

윤희, 수도를 잠그고 설거지를 멈춘다. 화를 참기 위해 조용한 한숨
을 길게 내뱉으며 습관적으로 손을 주무른다. 새봄, 껍질을 깐 귤 한
개를 반으로 쪼개어 입에 넣고 씹으며 그런 윤희의 뒷모습을 본다.

#27.   한국 / 윤희와 새봄의 아파트 내부 / 윤희의 방 / 밤

새봄, 커다란 킹 베드 위에 앉아 만화책을 읽는 척한다. 새봄의 맞은
편 화장대에 앉아 있는 윤희, 헤어드라이어로 촉촉한 머리카락을 말
리고 있다. 새봄에게 보이는 것은 역시 윤희의 뒷모습이다.

새봄   엄마. 아빠 여친 생긴 거 알아?

윤희   (사이)

새봄   엄마!

윤희   (헤어드라이어를 <u>끄고</u>) 뭐?

새봄   아빠 여친 생긴 거 아냐고.

윤희   (사이) 잘됐네.

새봄   엄마도 이참에 확 연애해버려. 억울하잖아. 엄마 아직 괜찮아.

윤희   너 오늘 무슨 일 있었니?

새봄   (사이) 아, 겨울인데 왜 이렇게 눈이 안 오냐.

윤희   뭐?

새봄   엄마, 우리 해외여행 갈까. (사이) 눈 많이 오는 데로.

윤희   (무슨 생각 끝에 헤어드라이어를 켠다)

새봄   친구들 얘기 들어보니까, 다들 대학 가기 전에 엄마랑 해외여행 간대. 솔직히 우리도 그 정도는 갈 수 있잖아. 나 그동안 아빠한테 받은 돈 좀 모아뒀어!

윤희, 머리를 말리지도 않으면서 멍하니 헤어드라이어를 켠 채로 들고 있다. 새봄, 만화책을 확 덮고, 침대에서 일어나 윤희의 앞으로 간다. 윤희의 헤어드라이어를 끈다.

새봄   엄마 나 왜 낳았어? (사이) 나 생겼을 때 그냥 지워버리지.

윤희   (가만히 앉아 있지만 불안정해지는 호흡)

새봄   내가 나쁘게 말해서 화나? 근데 왜 그렇게 참고 있어? 안
        답답해?

윤희   (점점 호흡이 가빠지고 얼굴이 빨개진다)

새봄   왜 사람들이 다 엄마를 떠나는지 알아? 엄마는 사람들을
        외롭게 하거든.

사이.

윤희   (돌연 버럭, 소리 지르는) 그래! 네 말이 다 맞아!

거울 속의 윤희, 입술을 파르르 떨며 앉아 있다가, 일어나서 방문 밖
으로 나가버린다. 거울 속의 윤희가 사라지자 윤희 뒤편의 새봄이
보인다. 침대에 걸터앉는 새봄, 놀라서 어안이 벙벙하다. 멀리서 닫
히는 방문 소리.

#28.   한국 / 윤희와 새봄의 아파트 내부 / 새봄의 방 앞 / 밤

어둑한 실내. 거실 텔레비전 화면에서 작은 볼륨으로 성탄절 관련 뉴스가 나오고 있다. 새봄, 자신의 방문 앞에 몸을 말고 앉아 있다.

새봄   여기 내 방이야, 나와…

무릎과 무릎 사이에 얼굴을 파묻는 새봄.

#29.   한국 / 윤희와 새봄의 아파트 내부 / 거실 / 낮

창문이 활짝 열려 있고, 버티컬 블라인드가 바람에 살살 흔들린다. 블라인드를 뚫고 빛이 쪼개져서 거실에 들어온다. 윤희는 소파 앞에 앉아 사진 앨범을 한 장 한 장 넘겨보고 있다. 앨범을 넘기다가 멈추는 윤희, 앨범의 한 면에 시선을 고정한다. 한 면 가득한 '쥰'의 옛 사진들. 그 사진들 중에 비어 있는 사진 한 장의 자리가 유독 눈에 띈다. 사각형 얼룩을 만지는 윤희의 손.

#30.   한국 / 윤희의 아파트 내부 / 윤희의 방 / 밤

안방의 살짝 열린 문 사이로 불빛이 새어나오는 집 내부. 자동잠금
장치의 비밀번호를 누르고 현관문을 열고 들어오는 새봄, 신발을 벗
으며 의아하다는 듯 안방 쪽을 본다. 안방 앞으로 걸어가 문을 조심
스레 열어보는 새봄. 방 안에는 윤희가 있다. 마른 손걸레를 들고 창
턱에 낀 먼지를 닦고 있는 윤희.

새봄   다녀왔습니다.

윤희   응, 왔니?

새봄   (사이) 네.

계속해서 창턱에 낀 먼지를 닦는 윤희. 새봄, 가방을 놓으러 자기 방
쪽으로 걸어간다. 그제야 몸을 돌려 새봄 쪽을 보는 윤희, 다시 되돌
아 걸레로 먼지 닦는다.

윤희   새봄!

새봄   (V. O.) 응? (다시 윤희의 방문 앞으로 걸어와서 선다)

윤희   (사이)

새봄   뭐야, 왜.

윤희   (사이)

새봄   뭐 할 말 있어?

사이.

윤희   엄마랑… 여행 가고 싶어?

새봄   응?

윤희   (사이)

새봄   응!

윤희   (사이) 직장에 한번 물어볼게.

새봄, 놀라서 윤희를 본다. 계속해서 창틈의 먼지를 꼼꼼하게 닦는
윤희.

#31.   **한국 / 강변 / 낮**

한적한 시골 강변. 작은 소형차 한 대가 강 방향으로 주차되어 있다.
경수, 차 뒤쪽에서 범퍼를 살피고 있다. 한쪽 손에 꿰맨 장갑을 꼈

다. 새봄은 조수석에 앉아 창문을 활짝 열어놓고 담배를 피우고 있다. 경수와 마찬가지로 한쪽 손에 꿰맨 장갑을 꼈다. 다 피웠는지 담배를 탈탈 털어 끈다.

새봄   나 엄마랑 여행 갈 수도 있어, 일본.

경수   (하던 일을 멈추고 새봄 쪽을 향해) 야, 나도 데려가!

새봄   미쳤어? 안 돼.

경수   나 자비로 갈게! 나도 가면 안 돼? 여자 둘이 위험해!

새봄   네가 제일 위험해…

얼른 뛰어 조수석 앞으로 가는 경수. 창문을 올려버리는 새봄. 경수, 똑똑 두드린다. 새봄, 창문을 살짝 내린다.

경수   우리 엄마랑 누나랑 여행 갈 때 꼭 나 데려가. 위험하다고.

새봄   미친놈…

경수   너 나 안 데리고 가면 후회할걸? 나 어렸을 때 아빠 따라서 일본 살다 와서 일본어 좀 해. 진짜야. 그래서 일 년 꿇은 거야.

새봄   안 돼. 그리고 아직 갈지 안 갈지도 확실히 몰라.

경수	그니까, 만약에 가게 되면 나 데려가. 너랑 어머님이랑 여행하는 거 방해 안 할게. 그냥 따라다니면서 짐 들어주고, 길 찾고, 심부름하고… 그런 거 할게.
새봄	말이 되는 소릴 해…
경수	야, 너 서울로 대학 가면 우리 자주 못 봐. 어쩌면 이게 우리 마지막 여행이 될 수도 있어.
새봄	(헛웃음 내뱉으며) 그렇게 생각해?
경수	너 지금도 나한테 연락 잘 안 하는데, 서울로 대학 가면 오죽하겠냐?
새봄	꼭 그렇게 되길 바라는 것처럼 들리네.
경수	미쳤어? 그건 당연히 아니지…
새봄	아무튼 안 돼.

새봄, 창문을 마저 올려버린다. 경수, 인상을 찌푸리고 몸을 배배 꼬며 창문에 얼굴을 갖다 대고 괴상한 소리를 낸다.

구내식당의 조리실. 바닥에 쌓여 있는 양배추들. 윤희, 무슨 생각에
잠겨 양배추를 채 썰다 말고 멈춘다. 윤희 옆의 옥화, 새 양배추를
손에 들고 인상을 찌푸리며 윤희를 양배추로 톡톡 건드린다.

윤희			아. 죄송해요. (다시 양배추 채 썰기 시작한다)

옥화			손이 빨러야 된다 말이.

양배추를 채 써는 윤희의 손이 더디다.

옥화			무얼 하오? 자기 요즘 뭔 일 있소?

세현			최여사님?

윤희, 놀라서 목소리 난 쪽을 돌아보면, 조리실 문턱에 서서 윤희를
바라보는 영양사 **세현**(33).

세현			지금 얘기할까요? (옥화를 보며) 죄송해요, 민여사님.

세현, 먼저 조리실 바깥으로 나가버린다. 윤희, 고무장갑을 벗는다.

옥화			관둘 거요?

윤희   아뇨, 갔다 올게요.

옥화   어데 좋은 데로 갈 거요?

윤희   네?

옥화   나도 데려가오.

윤희   (옥화를 보고 미소 지어 보이며) 네, 언니.

세현이 나간 방향으로 나가는 윤희. 가는 윤희를 보고는 대신해서
양배추를 채 썰기 시작하는 옥화.

#33.   **한국 / 공장 구내식당 / 낮**

윤희와 세현, 노동자들이 빠져나간 뒤 깨끗하게 정리된 구내식당 테
이블에 커피와 간식거리를 두고 마주 앉아 있다.

세현   언니 요즘 무슨 일 있어요?

윤희   아니.

세현   근데 왜 그래요… 걱정되게.

윤희	영양사님. 나 혹시 올해 못 쓴 휴가 좀 쓸 수 있을까.
세현	언니 휴가 벌써 썼는데?
윤희	내가?
세현	네. 저번에 언니 무단결근하신 거. 그거 제가 휴가 처리했어요.
윤희	(사이) 그거 하루밖에 안 되잖아.
세현	그때 언니가 빵꾸낸 거, 김여사님이 때우셨어요. 김여사님 몇 주째 하루도 못 쉬고 계신 거 아시죠?
윤희	(사이)
세현	안 되는데? 저만 곤란해지는 거 아시잖아요… 빵꾸 누가 채우라고.
윤희	어떻게 안 될까.
세현	(헛웃음 내뱉으며) 나 진짜 언니한테 배신감 느끼려고 해. 왜 이렇게 책임감이 없어요…
윤희	(발끈해서 세현을 노려본다)
세현	그래요, 그럼. 쉬세요. 근데 저 그동안 언니 자리 못 맡아드

려요.

윤희   무슨 말이야, 그게.

세현   언니 못 기다려드린다고요. 저 그런 힘까지는 없어요.

윤희   (사이) 그래.

세현   네?

윤희   기다리지 마!

윤희, 자기의 말에 자기가 놀라 세현의 시선을 피하며 어쩔 줄 몰라
한다. 자리에서 엉거주춤 일어나 구내식당 밖으로 나가버리는 윤희.
당황한 채로 그런 윤희를 쳐다보는 세현.

#34.   **한국 / 공장 앞 / 낮**

공장 복도를 지나 공장 문을 열고 걸어나가는 윤희, 망설임 없이 어
디론가 걸어간다. 화면, 윤희의 뒤를 쫓다가 멈춘다.

윤희, 공장 대문으로 걸어나온다. 잠시 멈췄다가 다시 걷는다.

Cut to
윤희 뒤편의 공장이 윤희로부터 점점 멀어진다. 한동안 공장에서 점
점 멀어지는 윤희를 집요하게 따라나오는 화면. 윤희의 뒤쪽 멀리에
서 기차가 지나간다. 윤희의 표정 없는 얼굴에 살며시 미소가 지어
진다. 갑작스럽게 블랙아웃. 화면 블랙 상태로 염불 외는 소리가 가
까워진다.

쥰 목소리   윤희에게.
            グンヒへ。

화면 밝아지면, 묘비 앞 한 무리의 사람들. 모두 나름의 상복을 갖춰
입고 있다. 훌쩍이는 사람도 있지만, 차분한 분위기다. 스님이 염불
을 외고 있다. 사람들이 모여 있는 묘비는 다른 묘비들과는 다르게
눈을 떨어낸 흔적이 있다.

준 목소리　　잘 지내니? 오랫동안 이렇게 묻고 싶었어. 너는 나를 잊었
　　　　　　을 수도 있겠지? 벌써 이십 년이 지났으니까.

　　　　　　元気だった? ずっと前から聞きたかった。あなたは私のことを忘れてしま
　　　　　　ったかも。もう二十年も経ったから。

준(45)과 준의 고모 마사코, 묘비 앞에 나란히 서 있다. 표정 없이 묘
비를 보고 있는 준. 준의 옆에 꼭 붙어 서서 묘비를 보고 있는 마사코.

준 목소리　　갑자기 너한테 내 소식을 전하고 싶었나봐. 살다보면 그럴
　　　　　　때가 있지 않니? 뭐든 더 이상 참을 수 없어질 때가.

　　　　　　急に私のことを伝えたくなったの。生きていればそんな時があるでしょ
　　　　　　う? どうしても我慢できなくなってしまう時が。

Cut to
위쪽 멀리서 내려다보이는 납골묘지. 온통 눈으로 하얗게 뒤덮였다.
준과 마사코를 포함한 검은색 옷을 입은 무리가 이동 중이다. 스님
을 포함한 일행은 한참 앞서간다.

준 목소리　　우리 부모님 기억해? 자주 다투던 두 분은 내가 스무살 때
　　　　　　결국 이혼하셨어. 엄마는 한국에 남았고, 나는 아빠를 따라
　　　　　　서 일본으로 왔어.

　　　　　　私の両親を覚えている? いつもケンカしていた二人は、私が二十歳の時、
　　　　　　結局離婚してしまったの。母は韓国に残り、私は父と一緒に日本に来た。

준의 작은고모 **히로미**(65)와 히로미의 아들 **류스케**(35)가 눈길을 조
심조심 걷고 있다. 연신 손수건으로 눈물을 닦아내는 히로미. 일행

중 제일 뒤처진 마사코와 준, 나란히 조심조심 걷고 있다.

마사코   다 끝났네.
          終わったね。

준   응.
          うん。

마사코   네 엄마는 한번 와본다더니.
          あなたのお母さん、一度来るって言ってたのに。

준   (사이) 엄마랑 연락했어?
          お母さんと連絡とったの?

마사코   응. 아무래도 남편 눈치가 좀 보이나봐. 멀리까지 오려면
          힘들겠지.
          うん、どうやらご主人に気を使ってるみたい。遠くまで来るとなると大変
          だから。

준   (사이)

마사코   아. 혹시라도 못 오게 되면 미안하다고 전해달랬다, 너한테.
          あ、もし来られなかったらごめんねって伝えてって言ってた。あなたに。

준   (힘없이 실소하며) 고마워, 고모.
          ありがとう。伯母さん。

55

마사코   정말이야.
            本当よ。

히로미, 걷다 말고 돌아서서 준을 노려본다. 히로미를 의아해하며
덩달아 돌아서는 류스케. 히로미와 류스케의 앞으로 걸어오는 마사
코와 준.

히로미   (준을 노려보며) 한국이 그렇게 머니?
            韓国ってそんなに遠いの?

준   (사이)

류스케   (히로미를 달래려 하며) 왜 그래, 엄마… 멀어…
            どうしたんだよ、母さん… 遠いだろ…

히로미   (류스케를 노려보고는 다시 준을 보며) 나 같으면 궁금해
            서라도 한번 와보겠네. (마사코를 향해) 언니, 애도 여기
            억지로 데려온 거 아니지?
            私だったら気になって一度来てみるけど。お姉ちゃん、この子も無理やり
            連れてきたんじゃないの?

마사코   (다그치는) 히로미.
            ヒロミ。

마사코, 인상을 찌푸리며 류스케를 본다. 류스케가 마사코의 시선을
받자마자 히로미를 데리고 얼른 되돌아 먼저 걸어간다. 류스케에게
끌려가다시피 하는 히로미.

히로미   왜!
             何でさ!

류스케   (마사코와 준을 향해 차키를 흔들어 보이며) 먼저 내려갈
             게요!
             先に行きますね!

남겨진 마사코와 준. 준은 돌연 머리가 아픈지 손으로 이마를 짚는다.

마사코   왜 그래? 또 두통이니?
             どうしたの?　また頭痛?

준   (고개를 끄덕인다)

준 목소리   일본에 온 뒤로 아빠는 나를 고모한테 보냈어. 가끔 아빠랑
             은 통화를 하곤 했는데, 이젠 그마저 불가능한 일이 돼버렸
             어. 얼마 전에 돌아가셨거든.
             日本に来た後、父は私を伯母に預けたの。時々、電話をしたりもしたけれ
             ど、もうそれすらもできなくなった。少し前に亡くなったの。

멀리서 보이는 마사코와 준. 일행 모두 이동 중인데 마사코와 준만
멈춰 서 있다.

주차장에 류스케의 차만 덩그러니 주차되어 있다. 시동 걸린 채로
정차해 있는 류스케의 차 앞에서 이마를 짚고 쪼그려 앉아 있는 준
과, 준의 등을 토닥여주고 있는 마사코. 류스케 역시 걱정스럽다는
듯 준을 보고 있다.

마사코　　　(류스케에게) 하루오 친구 분은 가셨니?
　　　　　　ハルオのお友達は帰ったの?

류스케　　　네. 저희 어머니가 아무래도 걱정된다고, 제가 두 분 모셔
　　　　　　다 드리라네요. (준에게) 준짱, 괜찮아?
　　　　　　はい。母さんがやっぱり心配だから、僕に二人を送るようにって。ジュン
　　　　　　ちゃん、大丈夫?

마사코　　　한심한 놈. 어떻게 죽기 전까지 돈을 빌리러 다녀.
　　　　　　しょうも無いヤツね。死ぬ間際までお金を借りてまわるなんて。

준　　　　　고모, 추운데 먼저 타고 있어.
　　　　　　伯母さん、寒いから先に乗ってて。

준의 등을 계속 토닥이며 미동하지 않는 마사코. 류스케 역시 미동
하지 않는다. 준, 마사코의 손길을 정중하게 거부하며, 힘겹게 일어
나 차에 올라탄다. 그러자 마사코와 류스케도 시선을 주고받고는 얼
른 차에 올라탄다.

준 목소리　　　오늘은 이상하게도 하루 종일 네 생각이 났어. 남들에겐 차
　　　　　　마 하지 못하는 말들이 전부 다 너를 향해 있더라.

　　　　　　今日は不思議と一日中あなたのことが思い浮かんだ。人にはとても話せな
　　　　　　いことがすべてあなたに向かっていた。

천천히 출발하는 류스케의 차. 눈 쌓인 납골 묘지가 올려다보인다.
화면은 납골 묘지에 잠시 머물러 있는다.

준 목소리　　　웃기지 않니? 언제 어떻게 돼버려도 상관없다고 저주했던
　　　　　　아빠 덕분에, 너한테 이렇게 편지를 쓰고 있다니.

　　　　　　おかしいでしょう？ いつ死んでも構わないと呪っていた父のおかげで、こ
　　　　　　うやってあなたに手紙を書くことになるなんて。

#38.　　　　　　　　　　　　　　　일본 / 도로 1 / 낮

한적한 굽이길을 달리는 류스케의 차가 멀리에서 보인다.

류스케　　　(V. O.) 하루오 삼촌 재밌는 분이셨어요.
　　　　　　ハルオ伯父さんは面白い人でした。

와이퍼가 떨어지는 눈을 열심히 닦아내고 있다. 운전석의 류스케.
류스케의 옆 좌석에는 박스가 쌓여 있다. 오랫동안 차 청소를 하지
않았는지 지저분하다. 뒷좌석에는 마사코와 준이 붙어 앉아 있다.
차창 밖을 보는 마사코. 마사코의 어깨에 기대어 눈을 감고 있는 준.

류스케   제가 중학생 때였나… 하루오 삼촌이 한국에서 무역 사업
            을 하실 때였을 거예요. 삿포로에 들어오신 김에 저희 집
            에 들르셨던 것 같아요. 그날 밤에 술에 만취하셔서 제 방
            에 들어오시더니 갑자기 내기를 하자고 하시더라고요. 물
            구나무를 더 오래 서는 사람한테 전 재산 주기.

            僕が中学生の時だったかな… ハルオ伯父さんが韓国で貿易をしていた時
            だったはずですけど。札幌に来たついでにうちに寄ったみたいです。その
            日、酔っ払って僕の部屋に入ってきて、突然賭けをしようと言いだしたん
            ですよ。逆立ちを長くできたほうに全財産を渡すっていう。

마사코   한심한 놈.
            しょうも無いヤツ。

류스케   제가 알기로는, 삼촌 하시던 일이 잘 안 풀리기 시작한 때
            가 그 무렵부터였을 거예요.

            僕が知ってる限りでは、伯父さんの仕事がうまくいかなくなったのは、そ
            の頃からだった気がします。

마사코   (사이) 내기는 누가 이겼니?

　　　　　賭けはどっちが勝ったの?

류스케   제가 당연히 이겼죠. 그런데 삼촌 전 재산이 오천 엔밖에
　　　　　없다는 거예요. 용돈을 주시려고 했던 거면 그냥 주시면 되
　　　　　는 거잖아요. 아무튼 신기한 분이었어요.

　　　　　当然僕が勝ちましたよ。でも伯父さんが、全財産五千円しかないって言い
　　　　　出して。お小遣いを渡したいなら、普通にくれたらよかったじゃないです
　　　　　か。まぁ、とにかく不思議な人でした。

류스케의 목소리 점점 작아지면서 그 위로 준의 목소리가 오른다.

준 목소리   우리 고모 알지? 내가 자주 말했던 마사코 고모. 아빠가 나
　　　　　를 고모한테 보냈을 때, 고모는 오사카에 살고 계셨어. 고
　　　　　향으로 돌아가겠다는 고모를 악착같이 따라오다보니, 오
　　　　　사카에서 삿포로, 삿포로에서 이곳 오타루까지 오게 됐어.

　　　　　私の伯母さん、知ってるよね? 私がよく話していたマサコ伯母さん。父が
　　　　　私を伯母さんに預けた時、伯母さんは大阪で暮らしていたの。故郷に帰る
　　　　　という伯母さんに執拗について行ったら、大阪から札幌、札幌からこの小
　　　　　樽まで辿りついたの。

준, 감았던 눈을 뜨고 마사코의 어깨에서 얼굴을 뗀다. 마사코가 보
고 있는 창밖을 본다. 마사코, 창밖을 보다 말고 다정한 눈으로 준을
본다. 준의 손을 잡아준다. 말없이 계속 창밖을 보는 준과 마사코.

마사코   눈이 언제쯤 그치려나…

　　　　　雪はいつやむのかしら…

류스케	그러게요. 매년 겨울마다 새삼스러워요. 눈이 이 정도로 많이 왔었나…
	そうですね。毎年冬になるたび、驚かされます。雪ってこんなにたくさん降ってたかなって…

마사코	운전 조심해서 해.
	気をつけて運転しなさい。

류스케	알겠습니다!
	了解です!

코너를 돌아 사라지는 류스케의 차.

#40.   일본 / 오타루 몽타주 / 낮

쥰 목소리	고모는 나랑 비슷한 사람인 것 같아. 큰 소리로 말하는 사람을 싫어하는 것과, 북적거리는 곳을 싫어하는 것, 사람들이 모두 잠든 밤을 좋아하는 것까지. 고모는 겨울의 오타루와 어울리는 사람이야. 겨울의 오타루엔 눈과 달, 밤과 고요뿐이거든.
	伯母さんは私と似てるみたい。大声で話す人や、人混みが嫌いなところ、人が寝静まった夜が好きなところまで。伯母さんは冬の小樽が似合う人なの。冬の小樽には、雪と月、夜と静寂だけだから。

이윽고 눈이 가득 쌓인 오타루 곳곳의 풍경들이 멈춰 있는 화면 속에 펼쳐진다. 사람들이 드문드문 걸어다니는 오타루 거리들, 주택가 골목길, 오타루역… 모두 앞으로 영화의 배경이 될 공간들이다.

준 목소리   가끔 그런 생각을 해. 혹시 한 번이라도 운명이 내 편을 들어준다면, 이곳에 여행을 온 너와 우연히 마주칠 수도 있지 않을까 하고. 물론 그런 기적은 일어나지 않겠지만.
            時々考えることがあるの。もし一度だけ運命が私に味方をしてくれたなら、ここに訪れたあなたと偶然出逢うこともあるかもしれない、と。もちろんそんな奇跡は起こらないだろうけど。

#41.   일본 / 도로 2 / 낮

좁은 도로에서 비상등을 켜놓고 멈춰 있는 류스케의 차. 류스케와 준, 밖에서 담배를 피우고 있다.

류스케   준짱은 일본에서 사는 거 힘들지 않아?
          ジュンちゃんは日本で暮らすの大変じゃない?

준   (사이) 무슨 뜻이야?
          どういう意味?

류스케   준짱은 어렸을 때 한국에서 살았잖아. 나라면 한국이 그리

63

울 것 같아.

ジュンちゃんは子供の頃、韓国で暮らしてただろ。僕だったら韓国が恋しくなりそう。

준	글쎄. 일본에서 산 지 이십 년도 넘었는데 뭘.

どうだろう。日本で暮らしてもう二十年以上経つからね。

류스케	쥰짱은 왜 결혼 안 해?

ジュンちゃんはどうして結婚しないの?

쥰	(류스케를 한번 쳐다보고 만다)

류스케	혹시 괜찮으면, 한국 남자 소개시켜줄까? 내가 진짜 괜찮은 사람을 한 명 알어.

もしよかったら韓国の男の人紹介しようか。俺、一人本当に良い人知ってるさ。

쥰, 대답 없이 담배를 바닥에 쌓인 눈 위에 비벼 끄고, 차 안으로 들어간다. 얼른 마저 피우고 따라 들어가는 류스케.

Cut to
류스케의 차 내부. 운전석의 류스케, 운전을 하고 있다. 뒷좌석의 마사코는 쥰에게 붙어 앉아 잠들었다. 쥰은 창밖을 구경하고 있다.

류스케	부담 없이 한번 만나볼래?

軽い気持ちで一度会ってみる?

준   됐어. 자꾸 그러면 화낸다?
            いいよ。しつこいと怒るよ。

류스케   일본어도 되게 잘해. (주머니에서 폰 꺼내 뒷좌석의 준에
            게 건네며) 내 사진 폴더 열어 봐봐. 맨 첫번째에 그 남자
            사진 있어. 한번 봐봐.
            日本語もすごく上手だよ。写真フォルダ開いてみ。一番最初にその男の写
            真あるからさ。見てみな。

류스케의 폰을 확, 쳐내는 준. 당황하는 류스케. 마사코, 자다 깨어
준과 류스케를 보며 무슨 일인지 파악한다.

준   됐다고 했잖아.
            いいって言ったでしょう。

준 목소리   참. 오래전에 결혼했다는 소식, 들었어. 늦었지만 축하하러
            가지 못해서 미안해.
            そうだ、ずいぶん前に結婚したという話を聞いたよ。遅くなったけどお祝
            いに行けなくてごめんね。

#42.   일본 / 도로 3 / 낮

눈이 내린다. 빠른 속도로 지나는 기차. 기차가 다 지나가자 차단봉

이 올라가고 차단봉 앞에 정지해 있는 류스케의 차가 보인다. 신호가 바뀌면 다시 천천히 출발하는 류스케의 차, 마을을 향해 올라간다.

준 목소리   그때 나는 오사카에서 삿포로로 이사를 하고 있었어. 고모 뜻을 따라서 새 출발 하기로 결심했었거든. 늦었지만 대학도 가고. 무사히 졸업해서 어엿한 직업도 갖고… 어떻게든 이곳에 적응해보려고 했어.

あの時、私は大阪から札幌へ引っ越しをしていたの。伯母さんの意向に従って再出発しようと決心したんだ。遅くなったけど大学にも行って、無事卒業し、ちゃんとした職業にも就いて… 何としてでもここに適応しようとした。

#43.   일본 / 도로 4 / 류스케의 차 내부 / 낮

류스케의 차, 마을 어귀에서 멈춰 서 있다. 계속해서 내리는 눈.

준 목소리   나는 비겁했어. 아빠를 따라 일본으로 오는 게 아니었는데. 나는 도망쳤던 거야.

私は卑怯だった。父と一緒に日本に来るべきではなかったのに。私は逃げ出したの。

얼마 후, 준이 조수석 문을 열고 차 밖으로 튀어나온다. 곧 운전석 문을 열고 몸을 내미는 류스케.

류스케   어디 가! 준짱!
　　　　　どこに行くの! ジュンちゃん!

준   고모, 나 걸어서 갈게!
　　　　　伯母さん、私歩いて帰るね!

마사코, 걸어가는 준을 걱정스럽게 보지만, 자리에서 움직이지 않는
다. 마사코의 시선으로 보이는, 점점 멀어지는 준.

준 목소리   그때, 내가 싫어졌다는 네 말을 듣고 나서 나는 무너졌어.
　　　　　그게 정말 네 진심일까 의심했으면서도, 버림받았다는 생
　　　　　각에 고통스러웠어.
　　　　　あの時、私のことが嫌いになったというあなたの言葉を聞いて、私の中の
　　　　　何かが崩れてしまった。それが本当に、あなたの本心なのかと疑いなが
　　　　　らも、捨てられたという思いに苦しめられた。

Cut to
준, 굳은 얼굴로 걷고 있다. 준 뒤쪽에 있는 류스케의 차가 점점 멀
어진다.

준 목소리   너는 내 전부나 다름없었거든. 그땐 지금보다 훨씬 어렸고,
　　　　　여렸으니까.
　　　　　あなたは私のすべてだったから。あの時は今よりも幼くて弱かったから。

차에서 따라 내리는 류스케, 뛰어서 준의 뒤로 온다. 어느 정도의 거
리를 두고 준을 쫓아가는 류스케.

류스케   쥰짱 미안해!
            ジュンちゃん、ごめん！

쥰, 류스케의 말에 인상을 찌푸리며 멈춰 선다. 돌아서서 류스케를
본다. 쥰의 앞으로 와서 서는 류스케.

쥰   나도 미안해. 그렇게까지 하는 건 아니었는데.
            私もごめん。あそこまでする必要はなかったのに。

류스케   아냐… 안 그래도 쥰짱 지금 힘들 텐데, 내가 분위기 파악
            도 못 하고… (조심스럽게) 돌아가자. 이모 걱정하실 텐데.
            いや… そうじゃなくてもジュンちゃんは今つらいのに。空気読めなく
            て… 戻ろう。伯母さんが心配するから。

쥰   류스케.
            リュウスケ。

류스케   (얼른) 응.
            うん。

쥰   나, 네가 생각하는 그런 이유 때문에 너한테 예민하게 구는
            게 아니야.
            私、あなたが考えてるそんな理由で、あたったわけじゃないの。

류스케   아… 그래? (뭔지 모르겠지만 괜히 한숨 푹 내쉬며) 진짜
            미안해…
            あ… そうなの？ 本当ごめん…

쥰	거의 다 왔으니까 걸어갈게. 그냥 좀 혼자 있고 싶어서.
	もうそこだから歩いて行くね。ちょっと一人になりたいから。

쥰, 돌아서 건너편 마을 방향으로 걸어간다. 류스케, 그런 쥰을 가만히 지켜볼 수밖에 없다. 멀어지는 쥰, 코너를 돌아 사라진다.

쥰 목소리	오랫동안 네 꿈을 꾸지 않았는데, 이상하지. 요즘 자꾸 네 꿈을 꿔. 너도 가끔 내 꿈을 꾸니? 네 꿈속의 나는 어떤 모습이니? 내 꿈속의 너처럼 미소를 짓고 있니?
	長いことあなたの夢は見なかったのに変でしょう。最近何度も夢にあなたが出てくるの。あなたの夢にも私が出てくる？ あなたの夢に出てくる私はどんな姿？ 私の夢に出てくるあなたみたいに微笑んでる？

#44.   일본 / 마사코와 쥰의 집 앞 / 밤

불 켜진 아담한 이층 가정집. 쥰, 집 앞에 서서 집을 올려 보고 있다.

쥰 목소리	우리는 이십 년째 서로 외면하고 있는지도 몰라. 물론 나만 그런 것일 수도 있지. 그래. 나만의 착각이겠지.
	二十年もの間、私たちはお互いに、背を向けあっているのかもしれない。 もちろん、私だけかもしれないけれど。そう、私の錯覚でしょう。

쥰, 얼마간 그렇게 서 있다가, 몸을 돌려 어딘가로 걸어간다. 폰을 꺼내 어디론가 전화 거는 쥰.

줊	여보세요. (웃으며) 바로 받아주시네요? (사이) 혹시, 지금
	뭐 하고 있어요?

	もしもし。すぐ出てくれるんですね。もしかして… 今、何してます?

#45.	일본 / 보행로 / 밤

차들이 쌩쌩 지나다니는 눈 쌓인 도로 한쪽으로 난 보행로. 줊, 그
길을 천천히 걷고 있다.

줊 목소리	아무래도 예전의 우리로는 돌아갈 수 없을 거야.

	いずれにせよ、昔の私たちのようには戻れない気がする。

#46.	일본 / 줊의 동물병원 / 밤

Insert. 동물병원 외경.
통창 너머로 은은한 불이 새어나온다.

동물병원 내부. 고양이 **워루**(4)가 책상 위에 앉아 있다. 손님들이 앉
는 대기 의자에 앉아 따뜻한 차를 마시며 워루를 보고 있는 **료코**(33).
줊은 정수기 앞에서 머그에 티백을 넣고 뜨거운 물을 받고 있다.

료코   워루짱 이제 사료 먹을 수 있어요?

        ウォルちゃんはもうエサを食べても大丈夫そうですか。

쥰   (끄덕이며) 네. 이제 며칠 있다가 퇴원해도 되겠어요.

        ええ、あと数日で退院できそうです。

료코   다행이네요…

        よかったです…

쥰   네, 일찍 발견해서 다행이에요. 치아흡수성병변은 고양이
        들한테 정말 위험한 질병이거든요. 사진을 찍어보기 전에
        는 얼마나 진행이 됐는지 알 수 없기도 하고. (머그를 들고
        정수기 앞을 떠난다)

        はい、早期発見できて幸いです。猫の歯根吸収は本当に危険な病気なんで
        す。レントゲンを撮るまではどのくらい進行してるかも分からないです
        し。

료코   감사합니다.

        ありがとうございます。

머그를 들고 료코의 옆으로 와서 앉는 쥰.

료코   생명을 살리는 일을 한다는 건 대단해요. 선생님은 언제부
        터 수의사가 되고 싶으셨어요?

        命を救う仕事ってすばらしいですね。先生はいつ獣医さんになろうと思っ
        たんですか。

준   음… 홋카이도에 오고 난 뒤부터?
          うーん、北海道に来てからですかね。

료코   (사이) 왠지 사연이 있어 보여서요.
          何だかわけがありそうに見えて…

준   아니에요. 이런 말 어떻게 들릴지 모르겠지만, 저는 그냥
          성공하고 싶었어요.
          いえ、おかしいと思われるかもしれませんが、私はただ成功したかったん
          です。

료코   네? 의외네요.
          え? 意外ですね。

준   물론 수의사가 됐다고 해서 성공을 했다는 건 아니지만…
          뭐랄까… 홋카이도에 오기 전에는 마음을 못 잡고 맨날 집
          안에만 있었어요. 홋카이도에 온 뒤로 결심한 거죠. 이렇게
          살지 말고, 뭐라도 하자.
          もちろん獣医になったからって成功したわけではないですけど… 何て言
          うか… 北海道に来る前は何もできないでいて、いつも家の中に引きこも
          っていました。北海道に来てから決心したんです。こんな生き方はやめ
          て、何かやってみようって。

료코   그랬군요…
          そうだったんですか…

준   제 목표는 그저 번듯해 보이는 직업을 갖는 거였어요.
          私の目標はただ、ちゃんとした職業に就くことだったんです。

료코	멋져요. 저도 선생님처럼 뭔가 강한 의지 같은 게 있었으면 좋겠어요. ステキです。私も先生のように強い意志みたいなものがあればいいのに。
쥰	(혼잣말로) 왜 자꾸 내 얘길 하고 있지… 何ずっと自分のこと話してるのかな…
료코	선생님 얘기 좋아해요. 先生の話、好きですよ。
쥰	(사이) 고마워요. 들어줘서. ありがとうございます。聞いてくれて。

책상 위에서 뛰어내려와 어디론가 숨어버리는 워루.

료코	참. 선생님 덕분에 이름을 참 잘 지은 것 같아요. 워루. そうだ… 先生のおかげで良い名前をつけれたと思います。ウォル。
쥰	그래요? そうですか。
료코	주인이 나타나면 언제라도 돌려주려고 했는데, 이제 이름 까지 지어버려서 어떡하죠? 飼い主が現れたら返してあげようと思ってたんですけど、もう名前までつ けちゃって、どうしましょう。
쥰	(사이) 저렇게 예쁜 애를 누가 잃어버렸을까요? こんな可愛い子、誰が見失ってしまったんでしょうね。

료코   (사이) 한국어로 달이 '워루'라고 하셨죠? 맞나요?
         韓国語で月をウォルって言うんですよね。あってますか。

준   제가 그랬나요?
         私がそう言いましたか。

료코   네.
         はい。

준   맞아요. (얼른 화제 돌리는) 우리 워루한테 야식 줄까요?
         워루 어디에 숨었을까나?
         あってます。ウォルに夜食をあげましょうか。ウォルはどこに隠れてるの
         かな。

준, 자리에서 일어나 워루를 찾기 시작한다. 료코, 그런 준을 따라 일
어난다. 함께 고양이 워루를 찾는 준과 료코.

료코   워루짱⋯
         ウォルちゃん⋯

준   워루?
         ウォル?

쥰과 료코, 나란히 걷고 있다. 오타루와는 달리 번화한 삿포로의 거리지만, 거리를 지나는 사람들은 별로 없다.

료코   선생님, JR 타고 가세요?
           先生はJRに乗っていかれますか。

쥰   네.
           はい。

료코   그럼 혹시 제가 역까지 바래다드려도 될까요?
           じゃあ駅まで見送らせていただいてもいいですか。

쥰   아니에요, 괜찮아요.
           いや、大丈夫ですよ。

료코   (사이) 워루가 집에 없어서 그런지 밤에 적적하네요… 바래다드릴게요.
           ウォルちゃんが家にいないせいか、なんだか夜は寂しいんですよね。送りますよ。

쥰   (부담스럽다)

료코   저… 선생님. 혹시 오늘 장례식에 다녀오셨어요?
           あの… 先生、もしかして今日お葬式に行かれました?

쥰	(자기 복장을 확인해보며) 네⋯ ええ⋯
료코	역시⋯ 저는 그런 줄도 모르고⋯ (망설이다) 하루 종일 걱정했어요. 오늘 병원에 선생님이 안 계시더라고요. 선생님은 보통 병원에 항상 계시잖아요. やっぱり⋯ 私そんなこととは知らずに⋯ 一日中心配してたんです。今日病院に先生がいらっしゃらないから。ふだんはいつも病院にいらっしゃるのに。
쥰	(어색하게 미소 지으며) 내가 너무 갑자기 부른 건 아닌지 모르겠네요. 私、急に連絡してしまったんじゃないですか。
료코	아니에요. 선생님 연락인데요. いいえ、先生からの連絡ですから。

사이.

쥰	(조용히 미소 짓던 쥰이 입을 열며) 료코상. リョウコさん。
료코	네? はい?
쥰	(사이) 고마워요, 나와줘서. ありがとうございます。来てくれて。

료코	방금 하려던 말 그 말 아니었죠?
	今話そうとしたことって、それじゃないですよね。

쥰	(사이)

료코	다음에 저랑 같이 술 한잔하실래요?
	今度、一緒にお酒でもどうですか。

쥰	(사이) 그래요.
	いいですよ。

료코, 걷다가 무심코 하늘을 올려다보고는 감탄하는 소리를 낸다. 그렇게 얼마간 걷다가 멈춰 서는 료코. 쥰, 덩달아 멈춰 서서 료코가 보는 방향의 하늘을 올려다본다. 료코, 그런 쥰을 봤다가 다시 하늘을 올려다본다.

료코	오늘 달이 참 예쁘네요.
	今日は月が綺麗ですね。

밤하늘에 떠 있는 그믐달. 나란히 서서 하늘을 올려다보고 있는 쥰과 료코의 모습이 높은 위치에서 내려다보인다.

쥰 목소리	나는 단지, 너한테 말을 건네보고 싶었던 거야. 네 대답이 돌아오지 않더라도.
	私は、ただあなたに話したかったの。あなたから返事が返って来なかったとしても。

하루오의 영정사진이 놓여 있는 수납장 위에 마사코가 임의로 만들어놓은 불단이 있다. 담배 한 갑, 커피 한 잔, 촛불, 종이 있다. 종을 치고 두 손 모아 기도하는 마사코, 기도를 마치고 하루오의 영정사진을 가만히 들여다본다.

마사코　　　천국에 잘 도착했니?
　　　　　　天国には無事着いたかい?

때마침 고양이 목소리가 들린다. 미요오… 미요… 놀라서 고양이 목소리가 들린 쪽을 바라보는 마사코. 얼마 후, 준이 현관 문 열고 들어오는 소리.

준　　　　(V. O.) 다녀왔습니다!
　　　　　　ただいま!

마사코, 준의 목소리가 들린 현관 쪽을 향해 나간다.

Cut to
준, 신발을 벗지 않은 채로 현관에 쪼그려 앉아 고양이 **쿠지라**(5)를 만지고 있다. 준의 손에 사정없이 머리를 부딪혀대는 쿠지라. 준의 앞으로 마사코가 와서 선다.

마사코   왔니.

　　　　　　お帰りなさい。

쥰   (멋쩍은 미소 지으며 마사코를 힐끔 본다) 미안해, 고모.
          걱정했지? (계속해서 쿠지라를 만지며) 쿠지라쨩… 너도
          오늘 하루가 길었니?

　　　　　　ごめんね、伯母さん。心配したでしょう。くじらちゃん… あなたも今日
　　　　　　一日が長かった?

마사코   (가만히 서서 쥰을 애틋하게 바라본다)

쥰   (마사코를 의아하다는 듯 보며) 왜? (그제야 일어나 신발
          벗고 들어온다)

　　　　　　どうしたの?

마사코   쥰.

　　　　　　ジュン。

쥰   응.

　　　　　　うん?

마사코   (사이)

쥰   뭐야. 왜.

　　　　　　何。どうしたの?

마사코   (어색하게 팔을 벌리며) 이리 와봐.

　　　　　　こっちおいで。

79

쥰	에?!
	えっ?!

마사코	나 어색하니까, 빨리.
	私も気まずいんだから早くして。

쥰	고모, 괜찮아? (마사코 앞으로 한 발 한 발 조심스레 걸어가며) 왜 안 하던 짓을 해, 수상하게… (마사코의 가까이에 선다) 안아달라는 거 맞아?
	伯母さん、大丈夫? 何、柄にもないことしてるのさ。怪しいんだけど… 抱きしめてほしいってこと?

마사코	(계속 두 팔 벌린 채로 쥰을 보며 고개 끄덕인다)

쥰	(마사코를 걱정스럽다는 듯 보면서 고개를 기울이며) 정말?
	本当に?

쥰, 마침내 어색하게 마사코를 살짝 안아준다. 마사코 역시 펼쳤던 팔을 오므리고 쥰을 안는다. 어색한 순간이다. 얼마간 어색하게 안고 있는 두 사람.

쥰	(피식 웃으며) 이게 뭐야… 전혀 예상하지 못했다…
	何これ… 全然想像してなかったわ…

마사코	(사이)

쥰	생각보다 좋다…
	思ったより良いね…

마사코	(사이)

쥰	오랜만이네.
	懐かしい。

마사코	(사이)

쥰	계속 이러고 있자. 떨어지면 어색해질 것 같아.
	ずっとこうしてる? 離れたら余計気まずくなりそうだから。

눈물을 글썽이는 마사코. 눈시울이 붉어지는 쥰.

쥰 목소리	바보 같은 걸까? 나는 아직도 미숙한 사람인 걸까? 어쩌면 그럴지도 몰라. 하지만 아무래도 좋아. 나는 이 편지를 쓰고 있는 내가 부끄럽지 않아.
	馬鹿馬鹿しいかな。私はまだ未熟な人間なのだろうか。もしかしたらそうかもしれない。でもそれでもいい。私はこの手紙を書いている自分が恥ずかしくない。

눈물이 나는데 서로 들키지 않으려 애쓰며 오랫동안 안고 있는 두 사람. 고양이 쿠지라가 그런 마사코와 쥰에게 다가와 얼굴을 비비고 간다.

준 목소리	윤희야. 너는 나한테 동경의 대상이었어. 너는 내가 무지를 깨우칠 수 있도록 안내해준 존재였고, 탐험하고 싶은 미지의 영역이었어. 너를 만나고 나서 나는 내가 어떤 사람인지 알게 됐어.

ユンヒ、あなたは私にとって憧れの対象だった。あなたは私を無知というものから救い出してくれた存在であり、踏み込んでみたくなる未知なる領域であった。あなたと出会ってから、私は自分がどんな人間なのかを知ったの。

#49.   **일본 / 마사코와 준의 집 / 준의 방 / 밤**

책장에 놓여 있는 액자 사진. 사진 속에서 한국 고등학교의 교복을 입은 준이 카메라를 향해 환하게 웃고 있다. 새봄이 찾아낸 사진과 같은 사진.

준 목소리	가끔 한국이 그리울 때가 있어. 우리가 살았던 동네에도 가보고 싶고, 같이 다녔던 학교에도 가보고 싶어. 한국에 있는 엄마는 어떻게 지내고 있는지, 또 너는 어떻게 지내고 있는지 궁금해.

時々韓国が恋しくなる時がある。私たちが住んでいた町にも行ってみたいし、一緒に通った学校も訪れてみたい。韓国にいるお母さんは元気にしているのか、そしてあなたがどう過ごしているのか、気になる。

이층에 위치한 준의 방이다. 준, 창가 쪽에 위치해 있는 앉은뱅이책 상에 등을 켜놓고 앉아 편지를 쓰고 있다. 고양이 쿠지라는 준에게 딱 붙어 앉아 다른 곳을 보고 있다. 편지를 쓰다 말고 잠시 창밖을 보는 준. 준의 시선으로 보이는 창밖의 풍경. 눈이 그치질 않는다.

준　　　　　쿠지라짱.
　　　　　　くじらちゃん。

고양이 쿠지라, 준의 옆으로 와서 준의 무릎에 양 볼을 비빈다. 준, 손을 뻗어 쿠지라를 몇 번 만진다. 준의 옆에 앉아 준의 손길을 즐 기는 쿠지라. 준, 쿠지라를 만지다 말고 다시 편지를 이어 쓰기 시작 한다.

준 목소리　　(한국어로) 보고 싶어, 윤희야.

편지를 다 썼는지 펜을 내려놓고, 그대로 뒤로 누워버리는 준. 눈을 감는다.

준 목소리　　네 주변에 좋은 사람들이 끊이지 않길. 좋은 사람들과 행복 한 시간 속에 있으렴. 안녕.
　　　　　　あなたの周りにいい人が絶えませんように。いい人たちと幸せな時間の中 にいられますように。バイバイ。

준의 굳은 얼굴에 슬며시 지어지는 미소. 갑작스럽게 블랙아웃. 기 차 소리 다가온다.

#50.   **일본 / 치토세선 오타루행 열차 내부 / 낮**

화면 서서히 밝아지면, 치토세선 오타루행 열차의 창문 밖으로 보이
는 풍경. 열차가 눈 쌓인 마을을 지나고, 마을과 인접한 바다를 지난
다. 영화는 다시 #1로 돌아왔다. 새봄, 화면 안으로 들어와 앉아 창
문 밖 풍경을 감상한다. 맞은편을 보면, 자리에 앉아 표정 없는 얼굴
로 새봄을 보고 있는 윤희. 새봄은 윤희의 시선을 피하며 다시 창문
밖으로 시선을 향한다.

#51.   **일본 / 기차역 / 낮**

기차역 플랫폼. 기차가 정차하면서, 문이 열리고 사람들이 쏟아져나
온다.

#52.   **일본 / 오타루역 근처 택시 승강장 / 낮**

정차 중인 택시들이 줄을 지어 대기하고 있는 장소. 새봄과 윤희, 걸
어와서 첫번째 택시에 올라탄다. 택시기사에게 폰을 내밀어 행선지

를 알리는 새봄. 곧 출발하는 택시.

그 위로 자막 :

여행 첫번째 날
旅行 1 日目

#53.   일본 / 온천 호텔 / 윤희와 새봄의 객실 / 낮

바닥에 나란히 놓여 있는 윤희와 새봄의 가방들. 입고 온 옷차림 그
대로 테이블에 앉아 폰을 보고 있는 새봄. 윤희는 창가에 서서 창밖
풍경을 신기하다는 듯 보고 있다.

새봄   오전에는 각자 시간 보내자.

윤희   (사이) 또 무슨 꿍꿍이야.

새봄   나 늦잠 잘 것 같아서. 엄마도 여기선 늦잠 좀 자. 만약에
          어쩔 수 없이 일찍 눈이 떠지면, 나가서 산책하다 와. 나 깨
          우지 말고. 오케이?

윤희   그래, 그렇게 해.

윤희, 계속 창밖을 보고 있다. 새봄, 목에 카메라를 걸고, 윤희의 눈치를 보며 슬금슬금 현관문 쪽으로 도둑발로 걸어간다.

새봄   엄마 좀 쉬고 있어. 나 편의점 갔다 올게. (조용히 문 열고 나간다)

윤희   응. (얼마 후에) 응?

윤희, 뒤돌아보면, 새봄은 벌써 나가고 없다. 얼른 따라가서 문을 열고 고개를 내미는 윤희.

윤희   여기 한국 아니야 너! 조심해!

새봄   (V. O.) 응, 걱정하지 마!

#54.   **일본 / 게스트 하우스 앞 / 낮**

멀리 골목 끝에서 폰을 보면서 좌에서 우로 걸어가고 있는 새봄의 모습이 보인다.

경수   (V. O.) 야! 박새봄! (손 흔들며) 여기!

새봄, 어디서 목소리가 들리자 멈춘다. 두리번거리다가 계속 앞으로 걸어간다. 골목을 지나쳐 화면 밖으로 사라지는 새봄.

경사길에 위치한 게스트 하우스. 주머니에 손 넣고 게스트 하우스 앞에 서 있는 경수, 새봄이 사라진 방향을 보고 서 있다.

경수   야! 어디 가, 멍청아! 여기!

다시 뒷걸음질 치며 돌아와 경수를 발견하고 펄쩍펄쩍 뛰며 손 흔드는 새봄. 경수도 신나서 펄쩍펄쩍 뛰며 새봄을 향해 손 흔든다.

#55.   **일본 / 게스트 하우스 / 경수의 객실 / 낮**

히터 가까이에 대고 있는 새봄과 경수의 손이 보인다. 양쪽에 한 짝씩 경수가 꿰맨 장갑을 끼고 있는 새봄과 경수.

아담한 다다미방이다. 새봄과 경수는 히터 앞에 나란히 쪼그려 앉아 있다.

새봄   방 좋다.

경수   이 지역에 있는 숙소 다 뒤졌어. (새봄의 옆으로 바싹 붙어 앉으며) 아, 추워. 단점이 있다면 추운 거.

새봄	히터 앞인데 뭐가 그렇게 추워. 좀 알아봤어?
경수	아. 응, 그 주소. 그냥 가정집이야. 이층집.
새봄	가봤어?
경수	어떤 할머니 한 분이랑, 어떤 아줌마 한 분이랑, 고양이 한 마리랑, 이렇게 사는 것 같던데.
새봄	고양이 사는 건 어떻게 알았어?
경수	창문에 자꾸 이상한 실루엣이 왔다 갔다 하길래 뭔가 되게 궁금했는데, 고양이였어. 귀를 기울이면 고양이 소리가 들리더라고.
새봄	(천천히 고개 끄덕인다)
경수	(사이) 뽀뽀 한 번만 해주면 안 돼?
새봄	요즘 왜 이렇게 적극적으로 변했어? 근데 나 지금 그럴 기분 아냐.
경수	너는 왜 꼭 담배 냄새날 때만 뽀뽀하자 그러냐?
새봄	(피식 웃으며) 그래서, 그게 끝이야?
경수	(한숨 내쉬며) 할머니는 여기 근처에서 카페 하시고, 아줌

마는 언제 나가는지 모르겠는데, 밤에 들어오는 거 보니까
직장인인 것 같애. 그 이상은 나도 모르겠어.

새봄   응···

경수   칭찬 좀 해줘봐. 나 진짜 개고생했어.

새봄   (경수의 엉덩이를 두드리며) 으이그, 잘했어. 이뻐.

#56.   일본 / 오타루 거리 1 / 밤

새봄과 경수, 횡단보도 신호등 옆으로 걸어와서 선다. 새봄의 손에
는 맥주 몇 캔과 군것질거리가 잔뜩 담긴 봉지가 들려 있다. 경수는
맥주를 마시고 있다.

새봄   나도 한 모금만 줘봐.

경수   안 돼··· 어린애가.

새봄   웃기고 있네. 줘봐···

경수   (사이) 그럼 딱 한 모금만 마셔.

새봄   러키!

경수, 새봄에게 맥주 캔을 건네면, 새봄, 건네받고 벌컥벌컥 마신다.

경수   한 모금만 마시랬잖아…

새봄   (경수에게 다시 맥주 건네준다) 여기 건너서 왼쪽으로 쭉
            가면 되지?

경수   (맥주 건네받으며) 응?

새봄   나 이제 여기서부턴 혼자 갈게. 엄마한테 걸릴까봐.

경수   (사이) 알았어.

새봄   야, 안 서운해?

경수   서운하지.

새봄   그럼 나 이따 엄마 잘 때 몰래 나와? 니 숙소로 갈까?

경수   (고민하다가) 아냐. 나 어머님이랑 너랑 여행하는 거 방해
            안 하기로 했잖아. 약속 지켜야지.

새봄   (서운해하며) 알았어. 왜 이렇게 신호가 안 바뀌냐?

경수   그러게. (표정 없이 얼마간 새봄의 얼굴을 뚫어져라 본다)

새봄   뭐. 왜. 그냥 무단 횡단할까?

경수, 그제야 신호등 기둥에 있는 버튼을 누른다. 신호등의 빨간빛이 녹색빛으로 바뀌며 경수와 새봄의 몸과 눈 쌓인 배경에 묻는다.

새봄   뭐야, 이거 이렇게 눌러야 바뀌어?

경수   응.

새봄   (기분 좋다, 경수 옆구리를 콕콕 찌르며) 근데 왜 안 누르고 있었어…

경수   (사이) 잘 가.

새봄   알았어. 갈게!

새봄, 횡단보도를 건너 맞은편 보행로로 와서 돌아보면, 아직 그대로 서 있는 경수.

새봄   야! 우리 대학 가면 멀어질까? 이게 우리 마지막 여행이야?

경수   응?

새봄   간다!

경수에게 손 흔들어 인사하고 가는 새봄. 맥주를 한 모금 마시며 가
는 새봄을 가만히 지켜보는 경수.

#57. 일본 / 온천 호텔 / 가족탕 / 밤

온천 호텔의 가족탕 내부. 나란히 앉아 있는 새봄과 윤희의 뒷모습.
두 사람 다 똑같이 수건을 머리에 감싸고 있다.

새봄   엄마는 아빠 만나기 전에 연애해본 적 없어?

윤희   있지.

새봄   오⋯ 어떤 사람이었어?

윤희   (사이)

새봄   응? 왜 말 안 해.

윤희   가까이 가면 항상 좋은 냄새가 났어.

새봄   (사이) 그게 다야? 좀 더 말해줘.

윤희   나가자, 이제. 온천 너무 오래해도 안 좋아.

새봄   뭐야, 치사하게…

코를 막고 온천탕 안으로 잠수해버리는 새봄.

#58.   일본 / 마사코의 카페 / 밤

카페 외부. 오른쪽 창문으로만 카페 내부의 불빛이 은은하게 새어나
오고 있다. 준이 걸어와 카페 오른쪽 창문을 똑똑 두드리고, 카페 안
으로 들어간다.

카페 내부. 돋보기안경을 끼고 바 테이블에 앉아 책을 읽고 있는 마
사코. 카페에는 손님이 없다. 문 열고 들어와, 바 테이블에 앉아 있는
마사코 뒤편에 서는 준.

준   다녀왔습니다!
          ただいま!

마사코   왔니?
          お帰りなさい。

준   또 에스에프 소설이야?
          またＳＦ小説?

마사코   (준을 향해 돌아보며 미소 짓는다)

쥰	참. 고모, 혹시 내 방에 들어왔었어?
	そうだ。伯母さん、もしかして私の部屋に入った?

마사코	응, 빨래 갖다 놓으러 갔었지.
	うん、洗濯物を置きに入ったよ。

쥰	그럼 혹시 무슨 우편물 못 봤어? 책상 위에 뒀던 것 같은데 아무리 찾아도 없네.
	じゃあ何か封筒みたいなもの見なかった? 机の上に置いたはずなんだけど、いくら探しても見つからないんだよね。

마사코	(고개를 기웃하며) 우편물? 그런 거 못 봤는데?
	封筒? そんなのは見なかったけど?

쥰	(마사코를 의심스럽다는 듯 본다)

마사코	(쥰의 시선을 피하며) 피곤하네. 집에 갈까?
	疲れたね。もう帰ろうか?

쥰	응.
	うん。

마사코, 책을 들고 일어나서 주방으로 들어간다. 주방에 둔 가방을 챙긴다.

Cut to
불이 꺼지는 마사코의 카페 외부.

윤희, 이불 위에 옆으로 누워 눈을 감고 있다. 새봄, 윤희의 이불로 넘어와 윤희의 뒤로 바짝 붙어 눕는다.

새봄   엄마, 자?

윤희   (눈을 뜬다)

새봄   나는 잠이 안 와. 해외 나온 게 처음이라 그런가.

윤희   (눈을 뜬 채로 뭔가를 말하려고 하다 새봄의 이어지는 말에 입을 다문다)

새봄   아빠랑 엄마랑 이혼했을 때, 왜 내가 엄마랑 산다고 했게. 엄마가 아빠보다 더 외로워 보였어. 혼자서 잘 못 살 것 같더라고. (사이) 근데 내가 착각한 것 같네. 나는 그냥 엄마한테 짐이었던 것 같애.

윤희   (이를 악문다)

새봄   엄마. 나는, 내가 싫어.

#60.   **일본 / 온천 호텔 / 윤희와 새봄의 객실 / 밤**

Insert. 온천 호텔 외경.
윤희와 새봄의 객실 창문 안쪽에서 은은하게 불이 켜진다.

윤희와 새봄의 객실 내부. 이불에 누워 입을 벌리고 잠들어 있는 새
봄. 거울 앞에 서 있는 윤희, 가져온 옷들을 몸에 대보고 있다.

#61.   **일본 / 마사코와 쥰의 동네 / 낮**

파란 아침. 마사코와 쥰의 주택가. 택시가 와서 멈춰 선다. 택시에서
내리는 윤희, 마사코와 쥰의 동네를 살핀다. 택시, 다시 출발하고, 폰
을 열어 지도를 확인하며 걷기 시작하는 윤희.

그 위로 자막 :

여행 두번째 날
旅行 2日目

마사코와 준의 집 앞에 서서 두리번거리고 있는 윤희의 뒷모습. 자신의 폰과 마사코와 준의 집을 번갈아보는 윤희.

준, 마침 대문 열고 나온다. 대문 열리는 소리가 들리자마자 화들짝 놀라며 얼른 뒤돌아 걸어가는 윤희. 준, 코너를 돌아가는 윤희의 뒷모습을 본다. 고개를 갸웃하며, 윤희가 걸어간 방향으로 걸어가 사람을 찾는 준. 하지만 윤희의 모습은 보이지 않는다. 주위를 두리번거리는 준.

숨어 있는 윤희, 거친 호흡을 감추려 애쓰며 들리는 소리를 예의주시하고 있다.

Cut to
숨어 있다가 슬그머니 모습을 드러내는 윤희가 멀리에서 보인다. 길엔 아무도 없다. 한참 동안 길에 우두커니 서 있는 윤희.

이동 중인 택시 뒷좌석의 윤희, 창밖을 보며 손목을 주무르고 있다. 울지 않기 위해 이를 악문다.

윤희, 객실 문 열고 들어온다.

윤희　　　새봄.

대답 없는 객실 내부.

윤희　　　새봄아?

넓은 객실에 윤희뿐이다. 윤희, 돌연 인상을 찌푸리며 참았던 눈물을 쏟기 시작한다. 눈물이 날 때마다 맨손으로 얼른 얼굴을 닦아낸다. 한참 동안 가만히 서서 소리 죽여 우는 윤희.

카페 앞 유리벽 앞에 바짝 붙어 서서 안쪽을 살피고 있는 경수와 새봄. 새봄, 경수가 쓰고 있는 검정색 선글라스를 뺏어서 쓴다. 잘 보이지 않자 선글라스를 눈 밑으로 살짝 내린다. 카페 안에는 주방의 마사코와, 담배를 피우는 할머니 **기쿠에**(72), 손님 몇이 있다.

경수   들어가볼래? 여기 커피 맛있어.

새봄   아니. 다시 올래.

경수   (새봄을 이상하다는 듯 본다)

앉아 있는 마사코, 바깥의 새봄과 경수를 발견하고 일어선다. 환하
게 미소 지으며 새봄과 경수에게 들어오라고 손짓하는 마사코. 그런
마사코를 보고 놀라 선글라스를 올려서 쓰는 새봄, 도망친다. 경수
는 마사코를 향해 어색하게 인사하고는 그런 새봄을 얼른 뒤따라간
다. 마사코, 별일 다 보겠다는 듯 의아해하며 다시 자리에 앉는다.

#66.   **일본 / 마사코와 준의 집 앞 / 낮**

새봄과 경수, 나란히 서서 마사코와 준의 집을 올려다보고 있다. 새
봄과 경수 모두 목에 필름 카메라를 걸고 있고, 같은 장갑을 한 짝씩
한쪽 손에만 끼고 있다. 경수, 새봄 보란 듯이 필름 카메라를 들고
그 집의 사진을 찍는다.

경수   이거 잘 찍히고 있는 건가?

새봄   (선글라스를 눈 밑으로 내려 집을 자세히 살펴본다)

경수   근데 이 집 뭐야? 여기 사는 분들은 누구고?

새봄   (사이) 엄마 친구 분들이야.

경수   그럼 그냥 어머님한테 물어보면 됐던 거 아냐?

새봄   (사이) 그런 게 있어.

경수, 새봄을 서운하다는 듯 본다. 새봄, 경수를 두고 먼저 어디론가 걸어간다.

경수   야! 어디 가!

새봄   (V. O.) 응?

경수   그쪽 아냐!

새봄   (돌아와서 반대편으로 걸어가며) 나도 알아.

경수, 새봄을 따라간다.

Insert. 마을을 지나는 기차가 멀리서 보인다.

새봄과 윤희, 눈 쌓인 쭉 뻗은 길을 걷고 있다.

새봄   여기 바닥에 폐쇄된 기찻길 있다? 지금은 눈 쌓여서 안 보
           이지만.

걷다가 멈추는 새봄, 바닥을 발로 몇 번 밟으며 윤희의 눈치를 본다.
윤희, 덩달아 멈춰 서서 바닥을 발로 몇 번 밟아본다.

새봄   엄마. 나 사진 좀 찍어줘.

윤희   내가?

새봄, 목에 걸고 있던 카메라를 윤희에게 건네고 얼른 뛰어가서 윤
희를 마주하고 선다. 엉겁결에 카메라 건네받은 윤희, 새봄을 향해
카메라를 든다.

새봄   와… 자세 나오는 거봐. 왕년에 사진 좀 찍으셨나봐?

찰칵, 카메라 셔터음. 카메라 내리면서 새봄을 보는 윤희, 새봄을 향
해 한 번 더 카메라를 든다.

새봄   뭐야, 한 장 더?

| 윤희 | (카메라가 계속 새봄을 향해 있다) |

| 새봄 | (장난스러운 표정으로 바뀌면서) 엄마는 코닥파였어, 후지파였어? |

| 윤희 | 코닥. |

| 새봄 | 엄마 그런 것도 알아? |

| 윤희 | 새봄. 한국 돌아가면 엄마가 알밥 해줄게. 미안해. |

| 새봄 | 갑자기 무슨 알밥이야. |

| 윤희 | 코닥이 날치알 색깔이잖아. |

윤희를 새삼스럽다는 듯 뚫어져라 보고 있는 새봄의 얼굴이 윤희의 시선을 통해 보인다. 카메라 셔터음 들리며 플래시 번쩍인다.

#68.   **일본 / 경사로 / 낮**

윤희, 캐리어를 끌며 눈 쌓인 오르막길을 오르다가 멈춰 서서 돌아본다. 캐리어를 잡고 있는 손목을 주무른다. 폰 지도를 보며 걷느라 조금 뒤처졌던 새봄, 윤희의 앞으로 걸어와서 멈춰 선다.

새봄   그거 병원 가봐야 되는 거 아냐?

윤희   응?

새봄   손목. 맨날 주무르고 있잖아.

윤희   (손목을 주무르다 말고) 어머, 그렇네?

새봄   몰랐어?

윤희   몰랐네.

새봄   뭐야… 그냥 습관이야?

윤희   (사이) 근데 멀었니? 도대체 숙소를 어디다 잡은 거야…

새봄   거의 다 왔어. (폰을 보며 제자리에서 삼백육십 도를 돈다)
        이 방향이 맞는데?

다시 오르막길을 오르기 시작하는 새봄. 새봄을 따라 걸어 올라가는
윤희.

#69.   **일본 / 게스트 하우스 / 일층 복도 / 낮**

계단 위쪽에서 고개를 내미는 경수, 아래층 복도를 본다. 주인장의
안내에 따라 일층 오른쪽 방문을 열고 들어가는 윤희. 새봄은 방 안
으로 들어가려다 말고 경수와 눈을 마주친다. "문자 해, 문자 해"라
고 입모양으로 말하고는 얼른 방 안으로 들어가버리는 새봄.

#70.   **일본 / 게스트 하우스 / 윤희와 새봄의 객실 / 낮**

윤희와 새봄, 히터 근처에 쪼그려 앉아 있다. 각각 이불을 온몸에 두
르고 얼굴만 빼고 있다.

새봄   여기도 좋지? 원래 여행 와서는 여기저기 묵어보는 거야.

윤희   좋네. 근데 좀 춥다.

새봄, 카메라를 들고 팔 하나를 꺼내어 창문 쪽을 찍는다. 플래시가
빵 터진다.

윤희   그 카메라, 엄마가 대학 못 간 대신 받은 거야.

새봄   응?

윤희   니 할아버지 할머니가 삼촌만 대학 보내고, 엄마는 안 보냈
         거든. 할머니가 엄마 불쌍하다고, 할아버지 몰래 사주신 거
         야.

새봄   그런 걸 왜 이제 말해. 그런 카메라를 내가 써도 되는 거
         야?

윤희   나는 이제 안 쓰는데 뭐.

새봄   (사이) 우리 이제 나갈까? 나 배고파.

윤희   여긴 음식 배달 안 되나? (바닥에 쓰러지듯 눕는다)

새봄   짬뽕 시켜 먹고 싶다.

#71.   **일본 / 게임센터 / 낮**

슬롯머신 앞에 앉아 있는 경수, 주머니에서 폰을 꺼내 열어봤다가
곧 다시 주머니에 집어넣고 슬롯머신을 한다. 돌연 무슨 생각이 들
었는지 슬롯머신을 하다 말고 목에 걸고 있던 필름 카메라로 셀카를
찍는다. 플래시가 터지자 놀라며 주위 눈치를 보는 경수.

왼편으로 주택가, 오른편으로 기차의 선로가 있는 마을길. 윤희와
새봄이 나란히, 천천히 눈 쌓인 길을 걷고 있다. 새봄은 걷는 와중에
이곳저곳에 카메라를 들이댄다.

새봄   오전에 어디 갔었어?

윤희   (사이) 그냥 산책.

새봄   (윤희를 힐끔 보며) 스카프 멋있다. 언제 산 거야?

윤희   안 튀어 보이니?

새봄   아니? 괜찮아. 평소에도 좀 그렇게 하고 다녀.

걸음을 멈추는 윤희. 그런 윤희를 의아하다는 듯 보며 덩달아 멈추
는 새봄. 윤희, 다시 걷기 시작한다.

새봄   (윤희 따라가며) 왜. 뭐. 왜.

얼마간 걷는 윤희, 새봄을 보며 다시 멈춰 선다. 덩달아 멈춰 서는
새봄. 윤희는 새봄에게 빈손을 내민다.

윤희   라이타 좀 줘봐.

새봄   응?!

윤희   너 담배 피우잖아…

새봄   (사이) 어떻게 알았어?

윤희   나 니 엄마야.

새봄   (사이) 엄마 미안. 나 진짜 가끔 펴. (마지못해 주머니에서
          라이터를 꺼내 윤희의 손 위에 올려놓는다)

윤희   너 담배 끊어.

새봄   알았어. 근데 지금 그게 문제가 아니라, 엄마 담배 펴?!

윤희   나도 가끔?

새봄   (사이) 와.

라이터를 들고 새봄에게서 떨어져 길가의 구석으로 가는 윤희, 담배
한 대를 꺼내 입에 물고 불을 붙인다. 새봄, 그대로 망연자실하게 서
서 윤희를 어이없다는 듯 본다.

새봄   엄마.

윤희   (사이)

새봄   나 혼낼 거야? 혼내지 마.

윤희   뭔데.

새봄   나 담배 한 대만…

윤희   (그런 새봄을 금방이라도 혼낼 듯 쳐다본다)

새봄   (사이)

윤희   (참을 수 없다는 듯 실소를 터트리며) 넌 누구 닮았니?

새봄   삼촌이 엄마 닮았다데?

윤희   (인상 쩌푸린다)

새봄   왜. 싫어?

윤희   (새봄의 라이터를 주머니에 넣으며) 너 라이타 압수야!

새봄   아, 왜…

윤희를 애틋하게 바라보며 미소 짓는 새봄, 라이터는 뺏겼지만 기분
이 나쁘지 않다. 윤희를 향해 카메라를 든다. 그때 새봄의 뒤로 기차
가 지나간다. 계속 담배 피우는 윤희. 카메라 플래시 터지면서 찰칵,
카메라 셔터음.

#73.   일본 / 도로 3 / 낮

류스케의 차가 마을을 향해 올라갔던 구간과 같은 구간. 새봄과 윤
희가 마을길을 걸어 올라간다.

#74.   **일본 / 마사코와 준의 집 앞 / 낮**

새봄과 윤희, 마사코와 준의 집 근처 주택가를 걷고 있다. 이곳에 처
음 왔다는 듯 이리저리 둘러보며 걷는 새봄과, 그런 새봄을 힐끔 힐
끔 보는 윤희.

새봄   (어딘가를 힐끔 보며 멈춰 쪼그려 앉으며) 엄마, 나 오늘
         너무 걸어서 발이 찢어질 것 같애. 좀만 쉬었다 가자.

윤희   (덩달아 멈춰 서서 새봄의 시선이 향한 곳을 힐끔 본다)

새봄   나는 어디 관광지 다니는 것보다 이런 동네 구경하는 게 좋
         더라.

윤희   엄마도 그래.

새봄과 윤희가 멈춰 선 곳은 마사코와 준의 집 앞이다.

새봄   엄마, 혹시 나한테 할 말 있으면 다 해. 여행 온 김에. 들어
줄 테니까.

윤희, 그런 새봄을 한동안 쳐다본다.

새봄   뭐야. 왜.

윤희   내 딸 착하게 컸네.

새봄   내가 좀.

윤희   엄마가, 너 임신하고 착한 마음만 먹었거든. 그래서 네가
착한 거야.

새봄, 괜히 울컥해서 윤희의 시선을 피하고, 먼저 걷기 시작한다. 뒤
따라가는 윤희.

#75.   **일본 / 마사코의 카페 / 밤**

돋보기안경을 끼고 바 테이블에 앉아 책을 읽고 있는 마사코. 카페
에는 손님이 없다. 마침 문 열고 들어오는 준.

쥰   다녀왔습니다!
            ただいま!

마사코   왔니?
            お帰りなさい。

쥰, 마사코가 앉은 바 테이블로 와서 마사코의 옆자리에 앉는다.

쥰   아, 엄청 피곤하네.
            ああ、ほんと疲れた。

마사코   (쥰에게 시선 주지 않고 계속 소설 읽는다)

쥰   할머니, 또 에스에프 소설이야?
            おばあちゃん、またSF小説?

마사코   (쥰을 향해 잠시만 기다려달라는 뜻으로 손을 든다)

쥰   배고파.
            お腹すいたなあ。

마사코, 책을 확 덮고 활짝 미소 지으며 쥰을 본다.

쥰   고모, 밖에 나가서 친구 좀 만나고 그래. 아. 연애를 한번
            해보는 건 어때?
            伯母さん、友達に会いに出かけたりとかしたら? あっ、恋愛でもしてみる
            のはどう?

111

마사코   이 나이에 연애는 무슨.

この歳で何が恋愛よ。

준   고모, 연애해본 적은 있어?

伯母さん、恋愛したことはあるの?

마사코   젊었을 때.

若い時にね。

준   오. 어떤 사람이었는데?

えっ、どんな人だったの?

마사코   중학교 선생님이었어. 가까이 가면 화장실 방향제 냄새가
        나던 사람.

中学校の先生だった。近づくと、トイレの芳香剤のにおいがした人。

준   응? 화장실 방향제?

うん? トイレの芳香剤?

마사코   응. 그 사람이 잘 가던 극장에서 항상 화장실 방향제 냄새
        가 났거든. 영화를 그 정도로 좋아하는 사람이었어.

うん。その人がよく行く映画館は、いつもトイレの芳香剤のにおいがした
の。そのくらい映画好きだった人。

준   고모는 그런 것까지 다 기억하는구나… 근데 왜 그 사람이
        랑 결혼 안 했어?

伯母さんそんなことまで覚えてるんだ… でもなんでその人と結婚しなか
ったのさ?

마사코   나는 영화를 안 좋아하잖아.

             私は映画が好きじゃないから。

준   에이, 말도 안 돼. 겨우 그런 이유 때문에?

             ええ？ ありえない。たったそんな理由で？

마사코   가끔 그 사람 생각이 나. 겨우 육 개월인가 만났는데. 이제
             나는 죽을 날이 얼마 안 남았으니까, 평생 잊지 않은 셈이
             되겠네?

             たまにその人を思い出す。六か月くらいのおつきあいだったんだけど。私
             はもう先が長くないから、一生忘れられなさそうね。

준   (사이) 고모는 정말 대단해. 하고 싶은 대로 다 하고 살잖
             아. 나도 고모처럼 젊었을 때 돈 좀 왕창 벌어놓고, 노후에
             는 이런 카페나 차리고 싶네.

             伯母さん、本当尊敬するわ。やりたいことを全部やって生きてるんだも
             ん。私も伯母さんみたいに若いうちに、お金をたくさん稼いで、老後はこ
             んなカフェでも開きたいな。

마사코   (무슨 생각 끝에) 참. 요즘 가게에 자꾸 이상한 애들이 와.

             そういえば、最近、お店に変な子たちが来るの。

준   이상한 애들?

             変な子たち？

마사코   언젠가부터 날마다 어떤 남자애가 왔는데, 아무래도 한국
             앤 것 같아. 나한테 몇 살이냐고 묻질 않나, 결혼은 했냐고

묻질 않나, 한국에 와본 적이 있냐고 묻질 않나…

いつからだったかな、毎日同じ男の子が来るんだけど、どうやら韓国の子
みたいで。私に何歳なの、結婚はしたの、韓国に来たことはある、って聞
いてくるの…

쥰	이상한 애네. 変な子ね。

마사코	오늘은 글쎄 어떤 여자애를 달고 와서는, (안쪽을 염탐하 는 흉내를 내며) 이러고 나를 보는 거야. 今日はある女の子を連れてきて、こうやって私を見てるの。

쥰	에? 진짜 이상한 애들이네… ええ？ 本当に変な子たちね…

Cut to

쥰, 마사코의 카페 앞에서 담배를 태우며 창문 안쪽을 보고 있다. 불
이 꺼지는 마사코의 카페.

#76.   **일본 / 마사코와 쥰의 집 앞 / 밤**

쥰과 마사코, 커다란 넉가래를 들고 집 앞에 쌓인 눈을 치우고 있다.

마사코   눈이 언제쯤 그치려나…

          雪はいつやむのかしら…

쥰   고모, 왜 그런 쓸데없는 말을 해… 여기서 산 지 몇 년쨘데.
         눈 그치려면 멀었잖아.

         伯母さん、何、無駄なこと言ってるの… ここで暮らして何年目。まだま
         だ先でしょう。

마사코   (눈을 퍼내다 말고 피식 웃으며) 막막하니까. 일종의 주문
         이랄까.

         切りがないからよ。一種のおまじないとでも言うのかな。

쥰   (대답 없이 넉가래로 계속 눈을 퍼낸다)

마사코   (대답 없는 쥰을 보며) 눈이 와서 치우면, (넉가래로 다시
         눈을 퍼내기 시작하며) 또 눈이 오고, 치우면 또 눈이 오
         고… (허리를 펴고 쥰을 보며) 자연 앞에선 무력해지는 수
         밖에 없다니까.

         雪が降って雪かきしてもまた降って、どかしてもまた降って、またどかし
         てはまた降って… 自然の前では無力にならざるをえないね。

쥰   (계속 눈을 퍼내며) 힘 없는 할머니는 계속 쉬고 계세요.
         내가 얼른 할게.

         力のないおばあちゃんは休んでいてください。私がさっさと済ませるか
         ら。

마사코, 쥰을 그윽한 눈으로 쳐다본다.

115

윤희와 새봄, 밤길을 나란히 걷고 있다. 새봄, 걷다가 말고 멈춰 서서 골목 쪽을 본다. 윤희 역시 덩달아 멈춰 서서 그쪽을 본다. 이자카야의 네온사인 조명이 바닥으로 떨어지는 골목. 사각의 서류가방을 들고 있는 중년의 남성 취객이 휘청휘청하며 하늘을 올려다보고 있다.

취객   만월인가!
            満月か!

그러다가 미끄러져 바닥에 엉덩방아를 찧는 취객, 바닥에 주저앉은 채로 다시 하늘을 본다.

골목 바깥에서 그 취객을 보고 있는 새봄과 윤희, 취객을 따라 하늘을 올려다본다.

새봄   뭐라는 거야? 하늘에 뭐가 있나?

윤희   만월이라고 한 것 같은데…

새봄을 따라 하늘을 올려다보는 윤희. 까만 밤하늘엔 구름만 잔뜩 껴 있다. 구름에 가려 달은 잘 보이지 않는다.

새봄, 바닥에서 눈을 굴리며 장갑을 낀 한쪽 손으로 눈사람을 만들고 있다. 제법 커진 눈덩이. 윤희 역시 쪼그려 앉아 동그랗게 눈사람을 만들고 있다. 작은 눈덩이.

윤희　　　장갑 하나 사줘? 왜 장갑을 한 짝밖에 안 끼고 다녀.

새봄　　　아… 이거 의미가 좀 있는 거라…

윤희　　　남친이 사줬어?

새봄　　　응?

윤희　　　너 남자친구 있잖아. 경수?

새봄　　　(눈을 굴리다 말고) 나 지금 소름 돋았어. 어떻게 이름까지 알아?

윤희　　　너 개랑 통화할 때 엄마 들으라고 아주 홍보를 하던데?

새봄　　　근데 왜 모른 척했대?

윤희　　　기다렸지 뭐. 언제 말하나보자, 하고.

계속해서 눈을 뭉치던 윤희, 새봄을 힐끔 본다.

윤희   새봄.

새봄   (눈을 굴리다 말고 윤희를 보며) 응?

윤희   너도 알겠지만…

새봄   응.

윤희   여기에 엄마 옛 친구가 살아.

새봄   (다시 눈을 굴리며) 그래? 몰랐는데?

윤희, 새봄을 향해 뭉쳐놓은 눈덩이를 던진다. 새봄의 몸에 정확히
맞는다. "아!" 하며 야속하다는 듯 윤희를 노려보는 새봄.

새봄   그래서, 만났어?

윤희   (사이) 아직.

새봄, 바닥에서 눈뭉치를 만들어 윤희를 향해 던진다. 윤희의 몸에
정확히 맞는다. 새봄, 낄낄대며 윤희를 향해 계속 눈뭉치를 던지기
시작한다. 윤희도 질 수 없다는 듯 덩달아 새봄을 향해 눈뭉치를 던
진다. 눈싸움을 하는 새봄과 윤희의 모습.

Insert. 게스트 하우스 전경.

그 위로 자막 :

여행 세번째 날
旅行 3日目

객실 내부. 좌식 테이블에 따뜻한 김이 올라오는 차를 놓고 앉아 있
는 윤희, 손목을 주무르고 있다. 윤희, 자신이 무의식적으로 손목을
주무르고 있다는 것을 깨닫고 곧 의식적으로 그만둔다.

경수에게서 뺏은 선글라스를 끼고 있는 새봄, 카페 앞 창문에 바짝
붙어 서서 안을 살핀다. 카페에 앉아 있는 마사코, 그런 새봄을 발견
하고 일어선다. 다정하게 미소 지으며 새봄에게 들어오라고 손짓하
는 마사코. 담배를 피우던 기쿠에 할머니도 창문 바깥의 새봄 쪽을
보며 손 흔들어 인사한다. 새봄, 문을 열고 들어와 빈 테이블에 앉는
다. 마사코, 메뉴판을 들고 새봄에게 다가온다.

| 새봄 | Do you speak English? |
| | 영어할 줄 아세요? |

| 마사코 | A little. Are you 새봄? |
| | 조금요. 새봄 맞죠? |

| 새봄 | (놀라며) You know my name! |
| | 제 이름을 아시네요! |

| 마사코 | Your boyfriend told me. (새봄의 맞은편으로 앉는다) |
| | 남자친구 분이 알려줬어요. |

| 새봄 | (마사코가 의자에 앉자 당황해하다가) Do you know··· Jun? Jun Katase. |
| | 혹시··· 준 아세요? 준 카타세. |

| 마사코 | (놀라서 새봄을 의심스럽다는 듯 보며) She is my niece. Who are you? |
| | 제 조카예요. 누구시죠? |

| 새봄 | She is my mom's friend. Yunhee. When is she here? |
| | 저희 엄마가 윤희예요. 준씨는 언제 여기 있나요? |

| 마사코 | (윤희의 이름을 듣자마자 표정 굳어버린다) |

| 새봄 | Can I ask you a favor? |
| | 부탁 하나 들어주실래요? |

마사코   (사이) Of course.

            물론이죠.

새봄   I'll come back tomorrow morning. Please tell her. She'll
            be glad.

            제가 내일 아침에 여기 다시 올 거거든요. 준씨에게 전해주시면 반가워할 거예요.

마사코   (사이)

새봄   Tomorrow. Morning. 오하요고자이마스. Tomorrow
            Morning. OK?

마사코   (끄덕이며) OK.

사이.

새봄   (어색해지자) 코-히… 프리즈…

마사코   (얼른 끄덕이며) 코히.

            コーヒー。

마사코, 메뉴판 들고 급하게 자리를 뜬다. 그때, 문 열고 카페 안으로
들어오는 경수, 바 앞으로 가서 새봄을 본다. 바 안쪽 주방으로 마사
코가 들어와서 선다.

경수   여기 오면 있을 줄 알았어. 왜 연락 안 하냐?

새봄	잘 잤어?

경수	응. 커피 시켰어? 여기 커피 맛있어.

새봄	나 시켰어. 너도 한 잔 시켜.

새봄을 힐끔 힐끔 보는 마사코.

경수	(일본어로) 마사코상 안녕하세요! 또 뵙네요!
	マサコさん、こんにちは! また会いましたね!

마사코	(대답 없이 새봄 쪽을 힐끔 본다)

경수	(일본어로) 점심 식사는 하셨어요?
	お昼ご飯は食べましたか。

마사코	네?
	はい?

경수	(일본어로) 제 발음이 이상한가요? 점심 식사 하셨냐고요.
	僕の日本語おかしいですか。お昼ご飯は食べましたか。

마사코	아. 네.
	ああ、ええ。

경수	저도 커피 한 잔 주세요. 여기 커피 진짜 맛있어요!
	僕もコーヒーをください。ここのコーヒー、本当においしいです!

마사코   (대답 없이 새봄을 힐끔 본다)

그런 마사코를 이상하다는 듯 쳐다보는 경수, 새봄을 봤다가 다시 마사코를 본다. 뭔가 이상한 두 사람을 또 한 번 번갈아 쳐다본다.

#81.   **일본 / 게스트 하우스 앞 / 낮**

새봄과 경수, 손을 잡고 걸어와 게스트 하우스 앞에서 멈춰 선다. 마주 보는 새봄과 경수.

새봄   너 이제 다른 데 가서 놀아. 엄마한테 들켜.

경수   응. 들어가.

새봄   한 번만 안아봐도 되냐?

경수   뭔데…

새봄   이리 와봐. (팔 벌린다)

경수   (좋아서) 아 뭔데!

경수, 새봄에게 다가오면, 새봄, 경수를 꼭 껴안아준다. 경수도 새봄을 안는다.

경수   아… 좋다…

새봄   뚱개…

윤희   새봄아?

마침 게스트 하우스 대문을 열고 나온 윤희, 가만히 서서 못 볼 꼴을
봤다는 표정으로 새봄과 경수를 보고 있다. 놀라며 경수와 떨어지는
새봄. 윤희를 보고 놀라서 "으어!" 비명을 지르며 새봄과 떨어지는
경수, 당황하여 자신을 보고 있는 새봄과 새봄 뒤편의 윤희를 번갈
아 본다.

경수   (얼른 구십 도로 인사하며) 어머님 안녕하세요!

윤희, 경수를 보면, 새봄의 뒤로 슬그머니 숨는 경수, 죄인인 양 윤희
의 방향으로 공손하게 두 손을 모으고 고개 숙인다. 윤희를 보고 배
시시 웃는 새봄.

새봄   엄마. 경수도 여기 놀러왔대.

윤희   미쳤구나, 미쳤어.

경수   (새봄의 뒤에서 꾸벅 고개 숙이며) 죄송합니다.

새봄   경수한테는 뭐라고 하지 마… 내가 오라 그랬어…

윤희   (새봄에게) 스으읏!

새봄   (기어들어가는 목소리로) 우리랑 상관없이 여행하다 가겠대.

윤희   경수는 참을성이 좀 없나봐? 그새를 못 참고 여기까지 따
         라왔어?

새봄   아, 그러지 마…

경수   저, 그럼… (윤희에게 또 구십 도로 몸을 꺾어 인사하며)
         즐거운 여행 되세요! 다음에 또 뵙겠습니다!

줄행랑치는 경수, 내리막길을 뛰어 내려가기 시작한다. 새봄과 윤
희, 당황해서 그런 경수를 본다. 멀리서 윤희와 새봄 쪽을 힐끔 돌아
보다가 엉덩방아를 찧는 경수, 일어나 뛰기 시작한다.

#82.   일본 / 식당 / 낮

새봄과 윤희, 창가 쪽에 나란히 앉아 식사를 하고 있다. 새봄, 윤희의
눈치를 보는데, 새봄을 보지도 않고, 말없이 밥 먹는 윤희.

새봄   화났어?

윤희   (사이)

거리를 걷고 있는 윤희와 새봄. 보행로와 도로 사이에 눈이 사람의
키 높이만큼 쌓여 있다.

윤희   그래서, 걔는 지금 뭐하고 있대?

새봄   몰라. 여행하고 있겠지 뭐.

윤희   불쌍하다 애. 걔도 남의 집 귀한 자식일 텐데.

새봄   괜찮아. 진짜 지가 막무가내로 따라온 거야.

새봄, 돌연 쌓여 있는 눈 쪽으로 걸어와 이마를 박는다.

윤희   (주변 눈치를 보며) 뭐 하는 짓이야.

새봄   머리 좀 식히려고. 요 며칠 생각을 많이 해서 그런가, 열이
           다 나네!

윤희, 그런 새봄을 그윽한 눈빛으로 보다가, 새봄의 옆으로 가서 선
다. 새봄과 같이 쌓여 있는 눈에 이마를 대는 윤희. 관광객들이 지나
가며 눈에 이마를 대고 있는 새봄과 윤희를 힐끔거리고 본다.

윤희   가서 놀다 와.

새봄   아냐. 그럼 엄마는 어떡하고.

윤희   (사이)

새봄   진짜? 그래도 돼?

#84.   일본 / 폐쇄된 기찻길 / 낮

정면으로 보이는 새봄, 화면 쪽을 응시하고 있다. 새봄의 뒤로 쭉 펼
쳐져 있는 눈 쌓인 길.

경수   (V. O.) 봄아. 나는 너 사랑해. 내가 더 잘할게.

새봄   그런 애가 도망을 쳐?

경수   (V. O.) 아, 미안하다고 했잖아… 좀만 왼쪽으로 가볼래?

새봄   (왼쪽으로 조금 가며) 자연스럽게 찍어야지…

경수   (V. O.) 이거 우리 마지막 여행 아니다?

새봄   알았으니까 이제 그냥 좀 찍을 수 없어? 해 지는 소리 들린
        다…

찰칵, 카메라 셔터음.

경수   (V. O.) 찍었지롱.

경수, 카메라를 들고 새봄의 옆으로 뛰어온다. 새봄에게 카메라 보
여주는 경수.

경수   근데 찍힌 거겠지?

새봄   (카메라의 어느 부위를 가리키며) 여기 숫자 보면 되잖아.
             아까 8이었는데 지금은 9니까 찍힌 거야. 매뉴얼도 안 보
             냐?

경수   (빈정상하는) 아이씨… 되게 뭐라 그러네.

새봄   그래서, 어떡하라고.

경수   (사이) 뭘?

새봄   나 서울로 대학 간다?

경수   (고개 끄덕이며) 응. 니가 서울로 가고 싶으면 당연히 가야
             지. 너는 성적도 되잖아.

새봄   왜 안 말려?

경수   (사이) 그걸 내가 왜 말려. 너한테 해줄 수 있는 것도 없는
        데, 최소한 네 앞길 방해하진 말아야지.

새봄   (헛웃음 내뱉으며) 너 그렇게 자신 있어?

경수   무슨 말이냐?

새봄   왜 이렇게 나를 방치해?

경수   (사이) 그런 거 아냐…

새봄   (한숨 푹 내쉬며) 너는 어떡할 건데. 대학은 정했어?

경수   (사이)

새봄   학과는?

경수   (사이) 한국 가면은… 이제 정할 거야…

새봄   야, 너 생각 좀 하고 살아. 어떻게 하겠다는 거야. 이거 우
        리 마지막 여행 아니라며. 그게 그냥 말하면 저절로 그렇게
        되는 거야?

경수   (고개 숙인다)

새봄, 그런 경수를 답답하다는 듯 보다가 휙 돌아서 걸어간다. 경수,
그런 새봄의 옆으로 얼른 따라간다.

경수   어디 가··· (사이) 미안해··· 내가 너한테 확신을 줘야 되는데.

새봄   (멈춰 서서 경수를 확 노려본다)

경수   나 원래 이런 애 아닌데··· 이게 다 내가 너를 너무 좋아해
         서 그래.

새봄   그게 다야? 너 지금 똑바로 말해야 돼.

경수   (사이) 너 지금 내가 잘못 말하면 나랑 헤어질 거냐?

새봄   (헛웃음 내뱉으며) 잘 생각해봐.

다시 걸어 가버리는 새봄. 새봄을 따라가지 못하는 경수.

#85.   일본 / 잡화점 / 밤

오타루의 유리 공예품들과 아기자기한 소품들로 가득 찬 잡화점. 윤
희, 유리공예 귀걸이를 고르고 있다. 거울을 보며 귀걸이 하나를 골
라 귀에 대본다.

아담한 바. 윤희, 바 테이블에 앉아 혼자 술을 마시고 있다. 바에 서 있는 직원이 윤희의 앞으로 다가와 재떨이를 놓는다.

윤희   (피식 웃으며, 일본어로) 감사합니다.

              ありがとうございます。

바 직원   혼자 오시는 손님들은 주로 담배를 피우시더라고요. 관광 오셨어요?

              お一人でいらっしゃるお客様は、だいたいタバコを吸われるんですよ。観光で来られたんですか。

윤희, 바 직원에게 고맙다는 표정을 해 보이고는 담배를 꺼내 불을 붙인다.

윤희   (어색한 일본어로) 여기에 제 친구가 살아요.

              ここに私の友達が住んでいます。

바 직원   아. 그렇습니까. 친구 분은 만나보셨나요?

              あ、そうなんですか。お友達にはお会いになりましたか。

윤희   (일본어로) 죄송하지만, 한 번 더 말씀해주시겠어요?

              すみません、もう一度お願いします。

바 직원	친구 분은 만나보셨나요?
	お友達にはお会いになりましたか。

윤희	(이해했다는 듯 일본어로) 아… 네. (한국어로) 모처럼 만나서 같이 맛있는 것도 먹고, 산책도 하고… 집에 놀러도 가보고… 그랬어요.
	あ… はい。

바 직원	(알아들은 척하며) 그렇군요…
	そうですか…

바 직원을 보며 피식 웃고 마는 윤희, 담배를 피운다.

료코	(V. O.) 담배 피우셨구나.
	タバコ、お吸いになられるんですね。

#87.   일본 / 호텔 바 / 밤

의자 등받이에 기대어 앉아 담배를 피우고 있는 준, 맞은편의 료코를 보고 있다. 료코는 테이블 위에 턱을 괴고 준을 뚫어져라 보고 있다. 테이블 위에는 준의 앞에 위스키 한 잔, 료코의 앞에 칵테일 한 잔이 놓여 있다.

료코 　 담배는 언제부터 피우셨어요?
　 　 タバコはいつから吸ってるんですか。

쥰 　 음… (무슨 생각 끝에) 아마 열아홉 살 때부터였을 거예요.
　 　 うん… 確か十八歳の頃からです。

료코 　 나쁜 학생이셨군요…
　 　 悪い高校生だったんですね。

쥰 　 (피식 웃고 만다)

료코 　 선생님. 제가 쥰상이라고 이름을 부르면 실례예요?
　 　 先生、ジュンさんって名前で呼んだら失礼ですか。

쥰 　 (끄덕이며) 괜찮아요. 그렇게 불러도 돼요.
　 　 ええ、どうぞ。

료코 　 다행이다.
　 　 よかった。

쥰 　 (무슨 말인가 싶다)

료코 　 '선생님'은 너무 딱딱한 것 같아서요.
　 　 先生はとても堅苦しい気がして。

쥰 　 료코상은 참 좋은 사람인 것 같아요.
　 　 リョウコさんは本当にいい方ですね。

133

료코   준상도요. 처음 봤을 때부터 그렇게 느꼈어요.

    ジュンさんもです。初めて会った時からそう思ってました。

준   네…

    そうかな…

료코   저 준상이랑 있으면 왜 이렇게 편안하죠? 저랑 준상은 비
    슷한 사람인 것 같아요. 나 무슨 말하고 있는 거지… 취했
    나봐.

    ジュンさんと一緒にいると、何でこんなに楽なんだろう。私とジュンさん
    って、似てる気がするんです。私ったら何言ってるんだろ… 酔っぱらっ
    ちゃったみたい。

준   (사이) 왜 그렇게 생각하세요?

    どうしてそう思うんですか。

료코   그냥 그런 느낌이 들어요. 준상은 왜 연애 안 하세요? (급
    하게 칵테일 한 모금 마신다)

    何となくそんな気がするんです。ジュンさんは恋愛しないんですか。

준   (덩달아 위스키 한 모금 마시며) 글쎄요…

    さぁ…

료코   (준의 대답을 기다린다)

준   료코상.

    リョウコさん。

료코　　　　네.

　　　　　　　はい。

쥰　　　　　이런 말 실례가 될 수도 있고, 혹시 내가 오해한 걸 수도 있
　　　　　　겠지만, 용기 내서 말할게요.

　　　　　　　こんなこと言うのは失礼にあたるかもしれないし、もしかしたら私の誤解
　　　　　　　かもしれないけど、勇気を出して言いますね。

료코　　　　(궁금해한다)

쥰　　　　　(사이) 저, 여태까지 저희 엄마가 한국인인 걸 숨기고 살았
　　　　　　어요. 저한테 이로울 게 하나도 없으니까. 말하자면, 저 자
　　　　　　신을 숨기고 살았던 거예요.

　　　　　　　私、今まで母が韓国人だということを隠して生きてきたの。私にとって良
　　　　　　　いことは一つもないから。簡単に言うと自分自身を隠して生きてきたの。

료코　　　　(놀라서 쥰의 다음 말을 기다린다)

쥰　　　　　혹시 여태까지 숨기고 살아온 게 있다면, 앞으로도 계속 숨
　　　　　　기고 살아. 그러는 게 료코상을 위해서 좋아요. 제가 무
　　　　　　슨 말하는지 알아요?

　　　　　　　もし今まで隠してきたことがあるなら、これからもずっと隠してた方がい
　　　　　　　い。それがリョウコさんにとっていいと思う。私の言いたいこと分かりま
　　　　　　　すよね?

대답하지 못하는 료코. 몸에 힘을 주고 료코를 보는 쥰. 무거운 침묵
의 시간. 료코, 결국 고개를 살짝 한 번 끄덕인다. 다행이라는 듯 미
소 지으며 몸의 긴장을 풀고 안도의 숨을 내뱉는 쥰.

료코   저한테는 뭐든 숨기지 않으셔도 돼요.
            私には何も隠さなくてもいいです。

쥰   (료코를 보며 미소 짓는다)

어둑한 분위기의 호텔 바. 쥰과 료코는 테이블에 마주 앉아 있다. 그
때, 테이블 위에서 울리는 쥰의 폰 진동. 쥰, 얼른 폰을 들어 본다.

료코   (안도하듯 활짝 웃으며) 받으세요.
            出てください。

쥰   (전화 받는다) 응, 고모. (사이) 미안. 말을 해준다는 걸 깜
            빡했네. (사이) 나 친구랑. (사이, 료코를 보며) 응, 친구.
            (사이) 왜 이래? 나도 친구 있어… (료코를 보며 화장실에
            가겠다는 손짓을 한다)
            もしもし、伯母さん。ごめん、話すのすっかり忘れてた。私、今友達とい
            る。うん、友達。何言ってるの? 私にも友達くらいいるよ…

료코   (쥰을 보며 미소 짓고는 손수건을 꺼내 촉촉이 젖은 손을
            닦는다)

쥰   (일어나 화장실 쪽으로 향하며) 근처에서 한잔하고 있어.
            (사이) 응, 곧 들어갈 거야, 걱정하지 마.
            近くで一杯飲んでる。うん、すぐ帰るから心配しないで。

료코, 목이 마른지 물을 마신다.

Insert. 호텔 전경.

준, 화장실에서 손을 씻고 있다. 화장실 문 열고 들어와 준의 옆 세
면대에 서서 수도를 트는 료코, 준을 힐끔 본다. 얼른 수도를 잠그고
손을 닦는 준, 나가려고 하는데, 얼른 뒤돌아 준을 뒤에서 확 껴안는
료코.

준   (당황해서 어쩔 줄 모르는) 네?

えっ？

료코   죄송해요. 저도 제가 실례하고 있는 거 알아요.

ごめんなさい。私も失礼なことだとは分かってるんです。

준   (당황해서 어쩔 줄 모르는) 료코상, 많이 취했어요?

リョウコさん、酔ったの？

료코   취해서 이러는 거 아니에요. 그냥, 잠깐만 이렇게 있게 해
             주세요.

酔ってるんじゃありません。ただ、少しだけ、このままでいさせてくださ
い。

준   (사이) 아무한테나 이래요?

誰にでもこうするんですか。

료코   아뇨… 아닙니다…

         いいえ… 違います…

준의 어깨 위로 고개를 파묻는 료코. 준은 얼마간 가만히 서 있다가
료코에게서 조심스럽게 떨어져나온다.

준   이 일은 없던 걸로 할게요.

         このことはなかったことにしましょう。

화장실을 나가는 준. 홀로 남은 료코, 길게 한숨을 내뱉으며 고개를
숙인다. 온몸에 힘이 빠진다.

#89.   일본 / 마사코와 준의 집 / 준의 방 / 밤

준의 고양이 쿠지라, 뭔가를 열심히 보고 있다. 쿠지라의 시선이 향
한 곳에 준이 있다. 방 벽에 기대어 앉아 수의학 관련 책을 읽고 있
는 준. 어딘가를 힐끔 보면, 준의 책상에 앉아 창밖을 보고 있는 마
사코.

마사코   엄마 보고 싶을 때 있니?

         お母さんに会いたくなる時ある?

쥰	(피식 웃으며) 가끔 보고 싶어. 잘 지내시겠지 뭐.
	たまに会いたくなる。元気でいるんじゃないかな。

마사코	연락처 아니까, 궁금하면 언제든 연락해봐.
	連絡先知ってるから、気になるならいつでも電話してみな。

쥰	(사이) 고모. 아빠랑 엄마랑 이혼했을 때, 내가 왜 아빠랑 살겠다고 한지 알아?
	お父さんとお母さんが離婚した時、どうして私がお父さんと暮らすって言ったか分かる?

마사코	왜 그랬니?
	どうして?

쥰	아빠는 나한테 무관심했거든. 엄마는 나한테 관심이 많았어. 그래서 나 때문에, 자기 자신을 비난하곤 했었어.
	お父さんは私に関心がなかったから。反対にお母さんは私のことばかり気にしてたの。だからお母さんは私のせいで、自分自身を責めてばかりいた。

마사코, 쥰에게 아무런 대답도 해줄 수가 없다. 마사코가 책상에 앉아 보고 있는 것은 쥰의 방 책장 위에 있던 쥰의 어린 시절 사진이다.

마사코	(쥰 방향으로 돌아 앉아 쥰에게 사진을 보여주며) 이 사진… 네 엄마가 찍어준 거니?
	この写真…、お母さんが撮ってくれたの?

쥰	아, 그건 윤희가 찍어준 거야.
	ああ、それはユンヒが撮ってくれたの。

마사코	(고개 끄덕이며 다시 사진을 본다) 윤희.
	ユンヒ。

쥰	(사이) 요즘 꿈에 자꾸 윤희가 보이네.
	最近、夢によくユンヒが出てくるの。

마사코	(계속 사진을 보며) 무슨 꿈을 꿨니?
	どんな夢を見るの?

쥰	(무슨 생각을 하다가 살며시 미소 짓는다) 그냥, 같이 있어. 꿈속에서.
	ただ一緒にいるの。夢の中で。

마사코	(무슨 생각을 하다가 쥰의 어린 시절 사진을 쥰에게 보이며) 이 시절의 윤희랑?
	この頃のユンヒと?

쥰	(사이) 응. (책장을 넘긴다)
	うん。

마사코	사실, 윤희 딸이 여기에 왔어.
	実はユンヒの娘がここに来たの。

쥰	응?!
	えっ?

마사코   새봄.

セボム。

준   (놀라서 입이 벌어진다) 이름도 아는 거야? 왜 얘기 안 했어?

名前まで知ってるの？ 何で今まで話してくれなかったの？

마사코   지금 하고 있잖니.

今話してるじゃない。

준   (책을 덮고 아예 내려놓으며) 그러니까, 윤희 딸이 여기 오
타루에 왔다고? 걔가 여길 어떻게 와?

つまりユンヒの娘が、小樽に来たってこと？ どうやってここに来たの？

마사코   (사이) 그건 나도 모르지.

それは私にも分からないよ。

준   (마사코를 의심스럽다는 듯 보다가) 뭐야, 얘기 좀 더 해줘.

えっ？ 何、ちゃんと話して。

마사코   내일 너를 만나고 싶다던데?

明日、あなたに会いたいって言ってたけど？

준   (사이) 내일? 나를?

明日？ 私に？

마사코   (고개 끄덕인다)

준   (어이없다는 듯 피식 웃으며) 신기한 애네.

        変わった子ね。

마사코   (준을 그윽한 눈으로 보며) 귀엽게 생겼더라.

        かわいらしかったよ。

준   (사이) 지 엄마 어렸을 때 닮았으면 예쁘겠지. 항상 당당하
        고, 자신감이 넘치겠지.

        母親の若い頃に似たならかわいいはず。いつも堂々と、自信にあふれてい
        ると思う。

마사코, 들고 있는 액자 사진을 본다. 액자 사진 속, 환하게 웃고 있
는 준.

#90.   **일본 / 마사코의 카페 앞 / 낮**

마사코의 카페 앞. 거리를 드문드문 지나다니는 행인들. 새봄, 걸어
와서 망설임 없이 카페 문을 열고 들어간다.

그 위로 자막 :

                    여행 네번째 날
                    旅行 4日目

마사코와 준, 카페의 각자 자리에서 일어나며 새봄 쪽을 본다. 그런
두 사람을 향해 고개 숙여 인사하는 새봄.

새봄   오하요고자이마스.
           おはようございます。

마사코, 새봄을 향해 손을 흔들며 장난스럽게 인사하고, 준은 새봄을
빤히 본다. 마사코에게 한 손을 살짝 들어 보이고, 준을 보는 새봄.

마사코   코히?
           コーヒー?

새봄   하이. 코-히… 히토츠… 구다사이…
           はい、コーヒー… 一つ… ください。

Cut to

한 테이블에 마주 앉아 있는 새봄과 준. 새봄의 앞에만 커피 한 잔이
놓여 있다. 준은 새봄에게서 눈을 뗄 수가 없다. 새봄, 그런 준의 눈
길이 부담스러워 피하면, 마사코와 눈이 마주친다. 바 안쪽에 서서
새봄을 뚫어져라 보고 있다가 얼른 시선 피하는 마사코.

새봄   꼭 한번 뵙고 싶었어요. 엄마한테 아줌마 얘기 많이 들었거
           든요.

준	(미소 지으며) 그래요?

새봄	아. 이번에 엄마는 같이 안 오셨어요. 저 혼자 친구랑 같이 왔어요.

준	(고개 끄덕이며) 네…

새봄	저… 혹시 실례가 안 된다면… 오늘 저녁 여섯 시에 뭐 하세요? 저랑 같이 저녁 드실래요?

준	저녁이요?

새봄	제가 여기에 대해서 너무 몰라서요… 엄마가 아줌마한테 가면, 막 여기 구경도 시켜주시고, 맛있는 것도 사주실 거라고… 꼭 가보라고 하셨거든요.

준	엄마가… 그랬어요?

새봄	(마사코를 힐끔 보고는) 네. 부탁드려도 될까요? 사실은 제가 같이 온 친구랑 싸우는 바람에 갑자기 혼자가 됐거든요… (준의 시선을 피하며) 제가 혼자 다니는 걸 잘 못해가지구요… 여행 마지막 날인데, 숙소에만 있자니 시간이 아깝기도 하고… (슬쩍 준을 보며) 멀리까지 왔는데…

준, 새봄을 흥미롭다는 듯 본다. 준의 눈길을 계속 피하는 새봄.

새봄, 마사코의 카페 앞에 서서 윤희와 통화 중이다.

새봄   엄마 어디야? (사이) 아, 숙소야? (사이) 나는 밖이야. 응.
          (사이) 미안, 여행 마지막 날인데.

새봄, 카페 안쪽을 보면, 마사코가 창문 안쪽에 붙어 서서 새봄을 염
탐하고 있다가 급하게 시선을 돌린다.

새봄   그럼 우리는… 이따 저녁. 여섯 시쯤에 운하 시계탑 앞에서
          볼까? (사이) 응. 어딘지 알지?

게스트 하우스 이층 창문에 눈뭉치가 날아와서 부딪힌다. 창문 너머
로 나타나는 경수, 커튼을 쳐버린다. 새봄, 바닥에서 눈을 뭉쳐 다시
창문으로 던진다.

#94.   **일본 / 게스트 하우스 / 이층 복도, 경수의 객실 / 낮**

새봄, 복도를 도둑발로 걸어 경수의 객실 앞에 선다. 문을 슬그머니 열고 객실 안쪽을 본다. 객실 안으로 들어간다.

Cut to
경수, 벽 쪽에 붙어 쪼그려 앉아 이불을 머리 위에 뒤집어쓰고 있다. 새봄은 경수 앞에 앉아 경수를 보고 있다.

새봄   야. 삐졌어? (사이) 이불 치우고 나 좀 봐봐. 나 안 볼 거야? (한숨 내쉬며) 그럼 너 여기 있다고 나한테 왜 말해줬는데… (사이) 그래도 그렇지, 어떻게 이렇게 연락이 없을 수가 있냐? 너 나랑 진짜 헤어질 거야?

새봄, 더 이상 못 참겠다는 듯 경수의 이불을 확 걷어내면, 쪼그려 앉아 소리 죽여 눈물을 흘리고 있는 경수.

새봄   가관이다…

경수, 창피하다는 듯 다시 이불을 쓰려 하자 새봄이 경수의 이불을 멀리 확 치워낸다.

새봄   이러고 있으면 뭐가 해결 돼? (사이) 나가자, 여행 마지막 날인데.

경수   (끄덕이며) 응.

새봄   엄마 방에 있을 수도 있어서 조심히 나가야 돼. 그만 울어
          어… 뚝!

경수   (고개 끄덕이며 울지 않으려 한다)

#95.   **일본 / 게임센터 / 낮**

슬롯머신이 바쁘게 돌아가고 있다. 그 앞에 앉아 게임을 하고 있는
새봄. 경수는 새봄의 옆에 서서 새봄을 구경하고 있다.

경수   어머님은?

새봄   친구 만난대.

경수   아, 그 친구 분?

새봄   (사이) 야, 나 잠깐 엄마한테 좀 들렀다 갈게. 너 숙소에 먼
          저 가 있어.

경수   응.

연속해서 나오는 꽝. 새봄, 코인을 또 넣는다.

경수   야. 너 이제 그만해.

새봄   내가 알아서 해. (또 꽝이 나오자 다시 코인 넣는다)

경수   하루 종일 도박만 할 거냐?

새봄   너도 해.

경수   오늘 마지막 날인데 어디 좋은 데 좀 가고 그러자.

새봄   아 조용히 해봐, 집중 좀 하게. 이거 하니까 피가 도는 것
                같애.

게임에만 열중하는 새봄.

#96.   **일본 / 오타루 운하 다리 / 밤**

준, 운하의 다리 위에 서 있다. 시계를 보고 주위를 두리번거린다.

Cut to
코너에 숨어 있다가 고개를 내밀어 준을 훔쳐보는 새봄.

#97.　　　　　일본 / 게스트 하우스 / 윤희와 새봄의 객실 / 밤

여섯 시 오 분을 가리키는 시계. 잘 차려입은 윤희, 손바닥 위에 작은 오르골을 올려둔 채 벽에 붙어 앉아 있다. 오르골이 돌아가면서 음악이 나오고 있다.

#98.　　　　　　　　　　　　　　　일본 / 오타루 운하 다리 / 밤

코너에 숨어 고개를 내밀고 준을 지켜보고 있는 새봄, 준의 시선이 새봄 쪽을 향하자 재빨리 몸을 숨긴다.

Cut to

가방에서 장갑을 꺼내 끼는 준. 그때, 주위를 둘러보며 허겁지겁 준이 서 있는 방향으로 걸어오는 윤희. 준, 윤희를 힐끔 봤다가 놀라서 온몸이 굳어버린다. 윤희 역시 준을 힐끔 보며 그냥 지나치지만, 얼마 후 놀라며 걸음을 멈춘다. 얼마간 그대로 가만히 서 있는 두 사람.

준　　　　윤희니?

준의 말에 놀라는 윤희, 잠시 그렇게 가만히 서 있다가, 무슨 각오라도 한 듯 뒤돌아서 준을 본다. 믿을 수 없다는 듯 윤희를 보는 준. 준을 보며 어색하게 미소 짓는 윤희. 준과 윤희는 한참 그렇게 가만히 서서 서로를 바라본다.

Cut to

코너에 숨어 은은한 미소로 윤희와 준을 지켜보고 있는 새봄, 얼마 후 윤희와 준에게서 시선을 떼며 뒤돌아 걷는다. 얼마간 걷다가 하늘을 올려보더니 멈춰 선다. 가만히 서서 홀린 듯 하늘을 보는 새봄.

#99.   **일본 / 게스트 하우스 앞 / 밤**

경수, 게스트 하우스의 마당에 서 있다. 담배를 꺼내 입에 물어보는 경수. 담배 피우는 시늉을 한다.

새봄   너 뭐 하냐?

경수   (당황하며) 어, 갔다 왔어?

경수, 화들짝 놀라며 담배를 주머니에 넣는다. 경수의 옆으로 와서 서는 새봄.

새봄   (경수의 주머니에서 담배를 꺼내 자기 주머니에 넣으며) 너 이거 압수야.

경수   아, 왜.

새봄   담배를 왜 피우려고 해. 어떻게 피우는지도 모르는 애가…

경수   그냥 너 담배 필 때 같이 피면 좋잖아.

새봄, 경수를 노려본다. 경수, 그런 새봄의 시선을 피한다. 돌연 장난
스럽게 경수의 정수리에 검지를 갖다 대는 새봄. 경수, 피하면, 새봄,
다시 경수의 정수리에 검지를 갖다 댄다.

경수   (피하며) 아, 하지 마…

새봄   (피식 웃으며) 야, 뽀뽀할래?

경수   응?

새봄, 경수에게 다가가 얼른 입 맞춘다. 수줍어하는 경수. 새봄은 그
런 경수를 두고 다시 마당 밖으로 나간다.

경수   어디 가게!

새봄   나가 놀자! 마지막 밤인데!

경수, 얼른 새봄을 따라가서 새봄의 손을 잡는다. 내리막길을 조심
조심 내려가는 새봄과 경수.

윤희와 준, 어느 정도의 거리를 두고, 말없이 보행로를 천천히 걷고 있다. 눈이 내리고 있다. 두 사람은 한참동안 서로 대화를 하지 못하고, 시선을 마주치지 못한다. 누가 봐도 어색한 두 사람의 어색한 침묵.

준, 윤희를 보며 자꾸 무슨 말인가를 하려고 하는데 입이 떨어지질 않는다. 윤희는 굳은 얼굴로 준을 보지 못하고 걷고 있을 뿐이다. 윤희에게 몇 번 말을 걸기 위해 노력해보는 준, 얼마 후 답답한지 한숨을 내쉰다. 그 한숨 소리가 크게 들렸는지 윤희는 준을 힐끔 본다. 그렇게 계속 걷는 두 사람.

참을 수 없던 준이 먼저 멈춰 서서 윤희를 본다. 의아해하며 준의 옆에 멈춰 서는 윤희. 서로를 마주보게 되는 두 사람, 서로의 얼굴을 보며 가만히 서 있는다.

준   윤희야.

윤희   응.

준, 마사코 고모가 그랬던 것처럼 윤희를 향해 두 팔을 벌린다. 윤희, 의아해하며 준을 한참 보다가, 피식 웃는다. 그리고 어색하게 준을 안는다. 음악 오른다.

준   오랜만이네.

윤희   그렇네.

지나치게 힘이 들어가 준의 어깨 위에서 떨리고 있는 윤희의 손. 윤
희의 어깨 위에 올라가 있는 준의 손가락 역시 떨리면서 조금씩 움
직인다. 화면, 껴안고 있는 윤희와 준에게서 점점 멀어진다. 화면이
윤희와 준에게서 충분히 멀어졌을 때,

윤희   왜 이렇게 몸을 떨어.

준   너야말로?

눈이 계속해서 내리고… 그렇게 계속 껴안고 있는 윤희와 준. 화면
서서히 어두워진다.

#101.   **일본 / 오타루 거리 5 / 낮**

화면 밝아지면, 새봄과 윤희, 그리고 경수가 거리를 걷고 있다. 멀리
에서 천천히 다가온다. 새봄은 커다란 배낭을 메고, 윤희는 트렁크
가방을, 경수 역시 트렁크 가방을 끌고 있다.

그 위로 자막 :

여행 다섯번째 날
旅行 5 日目

화면 앞으로 가까이 다가와서 하늘을 보며 멈춰 서는 윤희. 새봄과
경수도 덩달아 멈춰 서서 하늘을 본다.

#102.   **일본 / 쥰의 동물병원 / 밤**

쥰과 료코, 나란히 쪼그려 앉아 의자 위의 이동장을 보고 있다.

료코   워루짱… 이제 선생님 그리워서 어떡해?
          ウォルちゃん… 先生のこと恋しくなるね。どうする?

쥰   앞으론 아프지 마.
          もう病気になっちゃダメだよ。

료코   (사이) 저… 쥰상.
          あの…、ジュンさん。

쥰   네.
          はい。

료코	혹시 워루짱이 보고 싶어지시면… 저희 집에 한번 놀러오세요.
	もしウォルちゃんに会いたくなったら… うちに遊びに来てください。

쥰	(쑥스러워 료코를 보며 슬쩍 미소 짓는다)

료코	워루짱이 밖으로 나오긴 힘들 테니까…
	ウォルちゃんが外出するのは難しいでしょうから…

쥰	(사이) 네, 그럴게요. 고마워요.
	ええ、そうします。ありがとう。

미요오… 미요… 이동장 안에서 들리는 고양이 워루의 울음소리.

쥰	(피식 웃으며) 워루 답답한가봐요… 얼른 가셔야겠어요.
	ウォル、苦しそうですね… 早く行ってあげてください。

료코	네. 그래야겠죠?
	はい。そうですよね?

하지만 못내 아쉬워서 그대로 쪼그려 앉아 있는 료코.

Cut to
동물병원 외부. 료코, 이동장을 들고 동물병원 문을 열고 나와 창문 너머로 보이는 쥰을 향해 고개 숙여 인사하고 걸어간다. 창문 너머로 보이는 쥰, 미소 지으며 료코와 워루에게 손 흔들어 인사한다.

밤하늘에 떠 있는 선명하고 완전한 보름달. 홀린 듯 하늘을 올려다
보며 멈춰 서 있는 마사코의 뒷모습과 마사코의 앞쪽에서 뒤돌아 마
사코를 보고 있는 준이 보인다.

준   뭐 해, 고모.
            伯母さん、何してるの?

마사코   (사이) 응.
            うん。

마사코, 그제야 정신을 차리고 준의 옆으로 걸어간다. 나란히 걷는
마사코와 준, 화면에서 점점 멀어진다.

준   눈이 언제쯤 그치려나…
            雪はいつやむのかしら…

화면은 그대로 오래 머물러 있다가, 서서히 어두워진다.

윤희 목소리   준에게.

화면 밝아지면, 아무도 없는 교실. 겨울의 볕이 창문을 뚫고 교실 안
으로 꺾여 들어온다. 교복을 입은 새봄이 홀로 자기 책상에 앉아 있
다. 책상 위에는 간소한 꽃다발이 놓여 있다. 새봄, 오르골을 돌려서
작동시킨다. 윤희가 오타루에서 들고 있던 오르골이다. 칠판에는 각
종 낙서가 어지럽게 적혀 있다. 졸업을 기념하는 낙서다.

윤희 목소리   잘 지내니? 네 편지를 받자마자 너한테 답장을 쓰는 거야.
              나는 너처럼 글재주가 좋지 않아서 걱정이지만. 먼저, 멀리
              서라도 아버님의 명복을 빌게.

경수가 교실 앞문을 열고 고개를 내민다.

경수   뭐 해. 어머님 오셨어.

새봄   (경수를 보며 배시시 웃는다)

경수   빨리 나와, 사진 찍게.

먼저 가버리는 경수. 책상에 앉아 교실을 둘러보는 새봄, 자리에서
일어나 교실 밖으로 나간다. 화면은 텅 빈 교실에 남아 있다.

윤희 목소리   나는 네 편지가 전혀 부담스럽지 않았어. 나 역시 네 생각
              이 났고, 네 소식이 궁금했어.

강당에 모인 수많은 학생들. 졸업식이 한창 진행 중이다.

Cut to
새봄과 경수가 꽃다발을 각각 하나씩 들고 어색하게 미소 지으며 화면을 응시하고 있다. 윤희, 새봄과 경수를 향해 새봄의 카메라를 든다. 셔터음이 들리고 플래시가 터진다.

경수　　　　어머님, 저희 이 카메라로도 한번 찍어주세요.

윤희　　　　그래.

경수, 자기 목에 걸고 있던 카메라를 윤희에게 건네주고, 얼른 다시 새봄의 옆으로 가서 선다. 한 손엔 새봄의 카메라를, 다른 한 손엔 경수의 카메라를 드는 윤희, 새봄과 경수를 보며 미소 짓는다.

윤희　　　　손 이쪽으로 흔들어볼래?

새봄과 경수, 각각 장갑을 끼고 있는 한쪽 손을 들어 화면을 향해 흔든다. 새봄과 경수의 카메라를 한 손에 하나씩 들고 새봄과 경수를 향해 겨누는 윤희, 두 카메라의 셔터를 동시에 누른다.

윤희 목소리　너와 만났던 시절에 나는 진정한 행복감을 느꼈어. 그렇게

충만했던 시절은 또 오지 못할 거야. 모든 게 믿을 수 없을
만큼 오래전 일이 돼버렸네?

한 번 더 찍어달라고 칭얼대는 새봄과 경수. 다시 새봄과 경수를 찍
는 윤희.

#106.   **한국 / 용호의 사진관 / 밤**

윤희를 잡고 있는 디지털 카메라의 뷰파인더가 전체 화면으로 보인
다. 증명사진 배경. 카메라를 보고 있는 윤희, 굳어 있다.

윤희 목소리   그때, 나는 너랑 헤어진 뒤로 삶을 거의 포기했었어. 부모
             님은 너를 사랑한다고 말하는 내가 병에 걸린 거라고 생각
             했어. 오빠는 나를 억지로 정신병원에 가뒀어.

어깨를 펴고, 표정 없이 화면을 보고 있는 윤희. 카메라 플래시 터진
다. 윤희는 플래시가 터지자 곧 화면 밖으로 빠져나간다.

Cut to
계산대 겸 책상에 서 있는 용호, 책상에서 사진들이 잔뜩 담긴 투명
봉투를 집어 윤희에게 건넨다. 윤희의 얼굴을 쳐다보지도 않는다.

용호   새봄이 사진 잘 찍더라.

윤희   응.

윤희, 용호로부터 사진들이 담긴 투명봉투를 건네받는다. 계속 윤희의 얼굴을 보지 않는 용호.

용호   여행 갔었구나?

윤희   응.

용호   어디 갔다 온 거야?

윤희   (사이) 내가 왜 그런 걸 다 오빠한테 얘기해야 돼…

용호   (한숨 내쉬며) 증명사진은 뭐 하려고.

윤희   이력서에 붙이려고. 일 새로 구해볼 거야.

용호, 그제야 윤희를 본다. 용호의 눈길을 피하지 않는 윤희.

용호   왜, 공장 일이 힘들어? 오빠가 또 다른 데 소개시켜줘?

윤희   내가 알아서 할게.

용호   네가 알아서 뭘 어떻게 할 건데. 네가 무슨 경력이 있어, 기술이 있어.

윤희   나 새봄이랑 같이 여기 떠나.

용호   (안색을 위압적으로 바꾸며) 너 또 무슨 바람이 든 거야.

윤희   오빠한테 인사하러 온 거야.

용호   이 자식이 정말…

윤희   잘 살아 오빠.

윤희, 주머니에서 돈을 꺼내 테이블 위에 올려놓는다. 사진들이 담긴 투명봉투를 메고 있던 가방에 넣고, 문 열고 나간다. 남겨진 용호, 곧 윤희를 따라 걸어가서 문을 열고 밖으로 고개를 내민다. 윤희를 찾는다. 멀리 걸어가는 윤희의 뒷모습.

윤희 목소리   나는 그 감옥에서 나오기 위해 오빠가 소개해주는 남자를 만나야 했어. 더 이상 너를 만나지 않겠다는 조건으로. 결국 나는 그 남자랑 결혼했어.

용호, 멀어지는 윤희를 계속 보고 있다.

#107.   한국 / 윤희와 새봄의 아파트 외부 / 아파트 복도 / 밤

윤희, 천천히 아파트 복도를 걷고 있다. 윤희가 걸을 때마다 아파트 복도의 센서등이 차례대로 켜진다.

윤희 목소리   내가 그런 상태로 누굴 만나서 사랑을 주고받을 수 있었겠니. 나는 그 사람을 이용한 거야. 그 사람은 나 때문에 오랜 세월 외로워했어.

옆집 현관문 앞에서 경계하며 걸음을 멈추는 윤희. 윤희의 집 현관문에 기대어 쪼그려 앉아 있던 인호가 일어나면서, 센서등이 켜지고 인호의 모습이 드러난다. 인호, 윤희를 가만히 본다.

인호   술 안 마셨어! 정말이야!

윤희   (사이)

인호   줄 게 있어서 왔는데, 잠깐 요 앞에 갈래? 새봄이가 들을까봐.

윤희   (망설인다) 어딜.

인호   잠깐이면 돼.

얼마간 망설이는 윤희, 먼저 왔던 방향으로 되돌아 걷는다. 그런 윤희를 따라가는 인호.

윤희 목소리 그 사람을 생각하면 마음을 짓누르는 죄책감 때문에 고통스러웠어.

#108.   한국 / 윤희와 새봄의 아파트 외부 / 길 / 밤

윤희와 인호, 어느 정도의 거리를 두고 걷고 있다. 윤희가 앞장서고 있다. 화면은 그런 윤희와 인호를 천천히 따라간다. 주머니에서 주춤주춤 뭔가를 꺼내는 인호.

인호   윤희야.

윤희, 얼마 후 인호의 앞으로 되돌아 걸어온다. 마주 보게 되는 두 사람. 주머니에서 꺼낸 것을 윤희에게 건네는 인호.

인호   너한테 제일 먼저 알리는 거야. 그래야 될 것 같아서.

윤희, 인호가 건넨 것을 받는다. 결혼식 청첩장. "박인호와 이은영의 결혼식에 초대합니다." 청첩장에서 눈을 떼지 않는 윤희.

윤희	우와…
인호	(사이)
윤희	축하해, 당신… 정말 잘됐다.
인호	(사이) 응. 괜찮니?
윤희	고마워, 알려줘서…
인호	(끄덕이며) 새봄이한테는 아직 알리지 마. 내가 직접 말할 테니까.
윤희	응. (사이) 행복해, 꼭.

인호, 윤희의 행복하란 말에 울컥한다. 참으려고 해보지만 터지는 눈물. 고개를 숙여버리는 인호.

윤희	(사이) 이은영. 이름 예쁘다… 이런 이름이었구나.
인호	응.
윤희	혹시 연상이야?
인호	응.

윤희	좋아 보이신다. 사랑이 많으실 것 같아.
인호	응.
윤희	정말 잘됐다… 정말. (인호에게서 답이 없자, 인호를 흘끔 보고는) 왜 울어… 좋은 소식 전하면서…
인호	미안해. (울먹이며) 너도 행복할 수 있지?
윤희	(끄덕인다) 응. 그만 울어…

인호의 옆으로 가서 인호를 토닥여주는 윤희.

윤희 목소리	나 그 사람이랑 이혼했어. 우습게도, 그 사람이랑 이혼하던 날 가장 먼저 떠올랐던 사람이 너였어. 그래, 네 말대로 우리는 이십 년째 매정한 체하고 있었던 건지도 몰라. 그게 서로를 위하는 거라고 생각했던 거야.

#109.   한국 / 윤희와 새봄의 아파트 내부 / 거실 / 낮

가스레인지 위에 올려져 있는 뚝배기. 뚝배기 가운데 참기름이 살짝 뿌려져 있다. 그 위로 버터를 올리는 윤희의 손. 부엌의 가스레인지 앞에 서서 뚝배기를 내려다보고 있는 윤희, 가스레인지의 불을 올린다. 뚝배기 안의 버터가 녹아 액체가 되면 그 위로 밥을 덮고, 밥 위의 한가운데 주황색 날치 알을, 옆으로 노란색 단무지, 묵은지, 김가루를 올리고, 그 옆으로 쫑쫑 썬 녹색 쪽파를 올리는 윤희의 손.

Cut to

식탁에 앉아 있는 새봄과 경수. 경수의 앞에는 이미 뚝배기에 담긴 알밥이 놓여 있다. 윤희, 지글지글 끓는 뚝배기 알밥을 들고 와서 새봄의 앞에 놓고, 새봄과 경수의 맞은편에 앉는다. 입을 벌리고 알밥을 한동안 쳐다보는 새봄.

새봄   코닥의 색이다. 아름다워.

윤희   뭐 해, 얼른 비벼서 먹어.

새봄   (알밥에서 눈을 떼지 않고) 엄마는?

윤희   아까 먹었어. 경수 빨리 먹어. 뜨거울 때 먹어야 맛있어.

새봄   (알밥에 고정돼 있는 시선) 진짜지?

경수   (더 이상 못 참겠다는 듯) 제가 참을성이 없어서… 먼저 비비겠습니다!

수저를 들고 알밥을 비비기 시작하는 경수. 덩달아 수저를 들고 알밥을 비비기 시작하는 새봄. 윤희는 그런 경수와 새봄을 흐뭇하게 본다.

새봄이 찍은 여행 사진들이 보인다. 사진들을 한 장 한 장 넘기는 손. 새봄과 경수, 소파 앞 바닥에 앉아 사진들을 구경하고 있다. 거실 바닥 여기저기에 쌓여 있는 노란 박스들. 낄낄대며 사진들을 한 장 한 장 넘겨보는 새봄과 경수.

새봄　　(사진들을 넘기다 말고 멈춰서, 어떤 사진을 보자마자) 엄 마! 잠깐만 와봐! 이 사진 좀 봐봐!

윤희　　(부엌에서) 뭔데.

새봄　　아 잠깐만!

윤희, 새봄과 경수의 뒤쪽으로 와서 사진을 보며 소파에 앉는다. 뒤쪽의 윤희에게 사진을 보여주는 새봄.

경수　　어머님, 와… 멋지세요…

윤희　　(계속 자기 사진을 보며) 그렇니?

새봄　　야. 니네 엄마 아니라고 막말하지 마. (사이) 아니 어떻게 된 게 엄마 웃는 얼굴 나온 사진이 한 장도 없냐.

그 사진은 새봄이 찍은, 윤희가 담배를 피우고 있는 사진이다.

#111.   **한국 / 윤희와 새봄의 아파트 외부 / 낮**

아파트 한쪽에 폐기물 스티커가 붙은 채로 버려진 윤희와 새봄의 가구들. 윤희와 새봄, 아파트 주차장 쪽에 서 있다. 윤희는 박스 하나를 들고 있다.

윤희 목소리   쥰아. 나는 나한테 주어진 여분의 삶이, 벌이라고 생각했어. 그래서 그동안 스스로에게 벌을 주면서 살았던 것 같아.

적은 양의 이삿짐이 실려 있는 봉고차가 윤희와 새봄의 앞으로 와서 멈춰 선다. 윤희와 새봄이 올라타면, 출발하는 이삿짐 차.

#112.   **한국 / 읍내도로 / 낮**

#10의 읍내도로. 미소 지으며 차창 밖을 보고 있는 윤희의 얼굴. 시골 국도를 달리고 있는 이삿짐 차.

윤희 목소리   너는 네가 부끄럽지 않다고 했지? 나도 더 이상 내가 부끄럽지 않았으면 좋겠어. 그래, 우리는 잘못한 게 없으니까.

이삿짐 차가 계속 앞으로 나아간다.

윤희, 카페의 테이블에 앉아 종이에 뭔가를 적고 있다. 윤희가 적고 있는 것은 자신의 이력서다. 이력서에는 용호가 찍어준 증명사진이 붙어 있고, '최윤희'라는 이름이 적혀 있고, 간단한 인적사항이 적혀 있다. 학력란에 '고졸'이라고 적는 윤희.

카페의 유리벽 너머 나무들에 벚꽃이 피어 있다. 그 아래로 머리를 녹색으로 염색한 새봄과 여대 '과 잠바'를 입은 학생 두 명이 지나간다. 카페 안쪽의 윤희를 확인한 새봄, 친구들과 인사하고는 카페 안으로 들어온다. 윤희의 맞은편으로 와서 앉는 새봄.

윤희   응. 왔니?

새봄   응. (윤희의 이력서를 훔쳐보려 하며) 이력서 쓰고 있어?

윤희   (이력서를 가린다)

새봄   (헛웃음 내뱉으며) 치사해서 안 봐.

윤희   (다시 이력서 쓰는 데 열중한다) 엄마 여기서 돈도 벌고 일도 배워서, 나중에 작게 식당 차릴 거야.

새봄   식당?!

윤희	응.

새봄	와… 언제 그런 생각을 했대? 엄마 진짜 잘할 것 같애.

윤희	아직 멀었어.

새봄	와… 엄마 식당 차렸으면 좋겠다… 엄마. 알밥집 해.

윤희 목소리	마지막으로 내 딸 얘기를 해줄게. 이름은 새봄. 이제 곧 대학생이 돼. 대학생이라니, 대단하지 않니? 나는 새봄이를 더 배울 게 없을 때까지, 스스로 그만 배우겠다고 할 때까지 배우게 할 작정이야.

#114.   한국 / 서울의 어느 한식당 골목 / 낮

한옥으로 된 식당들이 밀집해 있는 골목. 윤희, 폰으로 지도를 보며 골목을 두리번거리며 걷고 있다. 딱딱한 미소 속에 보이는 긴장. 윤희의 뒤로 새봄이 윤희를 천천히 따르고 있다.

윤희 목소리	편지에 너희 집 주소가 적혀 있긴 하지만, 너한테 이 편지를 부칠 수 있을지는 모르겠다. 나한테 그런 용기가 있다면 얼마나 좋을까? 이만 줄여야겠다. 딸이 집에 올 시간이거든. 언젠가 내 딸한테 네 얘기를 할 수 있을까?

어느 식당을 발견하고 걸음을 멈추는 윤희, 어깨를 펴고, 호흡을 고른다.

윤희 목소리   용기를 내고 싶어. 나도 용기를 낼 수 있을 거야.

윤희의 뒤에서 장난스러운 얼굴로 목에 걸고 있는 카메라를 손에 집어드는 새봄, 윤희를 향해 카메라를 든다.

새봄   엄마!

윤희   응? (새봄을 본다)

새봄   그 집이야?

윤희   그런 것 같은데?

새봄   긴장돼?

새봄을 보며 고개를 끄덕이는 윤희. 블랙아웃.

윤희 목소리   추신. 나도 네 꿈을 꿔.

윤희의 말이 끝나자마자 음악 오른다.

끝_20190104

윤희에게.

잘 지내니? 오랫동안 이렇게 묻고 싶었어. 너는 나를 잊었을 수도 있겠지? 벌써 이십 년이 지났으니까. 갑자기 너한테 내 소식을 전하고 싶었나봐. 살다보면 그럴 때가 있지 않니? 뭐든 더 이상 참을 수 없어질 때가.

우리 부모님 기억해? 자주 다투던 두 분은 내가 스무 살 때 결국 이혼하셨어. 엄마는 한국에 남았고, 나는 아빠를 따라서 일본으로 왔어. 일본에 온 뒤로 아빠는 나를 고모한테 보냈어. 가끔 아빠랑은 통화를 하곤 했는데, 이젠 그마저 불가능한 일이 돼버렸어. 얼마 전에 돌아가셨거든. 웃기지 않니? 언제 어떻게 돼버려도 상관없다고 생각했던 아빠 덕분에, 이렇게 너한테 편지를 쓰고 있다니.

우리 고모 알지? 내가 너한테 자주 말하곤 했던 마사코 고모. 나는 고모와 함께 오타루에 살고 있어. 고모는 나랑 비슷한 사람인 것 같아. 큰 소리로 말하는 사람을 싫어하는 것과, 북적거리는 곳을 싫어하는 것, 사람들이 모두 잠든 밤을 좋아하는 것까지. 고모는 겨울의 오타루와 어울리는 사람이야. 겨울의 오타루엔 눈과 달, 밤과 고요뿐이거든. 가끔 그런 생각을 해. 이곳은 너와도 잘 어울리는 곳이라고. 너도 마사코 고모와 나처럼, 분명 이곳을 좋아할 거라고.

오랫동안 네 꿈을 꾸지 않았는데, 이상하지. 어제 네 꿈을 꿨어. 나는 가끔 네 꿈을 꾸게 되는 날이면 너에게 편지를 쓰곤 했어. 하지만 이미 결혼해서 가정을 이루고 있을 너에게 그 편지들을 부칠 순 없었어. 그러다보니 너에게 하고 싶은 말이 쌓이게 되고, 매번 이렇게 처음 쓰는 편지인 것처럼 편지를 쓰게 돼.

망설이다보니 시간이 흘렀네. 나는 비겁했어. 너한테서 도망쳤고, 여전히 도망치고 있는 거야. 머지않아 나는 아마 또 처음인 것처럼 이 편지를 다시 쓰게 되겠지? 바보 같은 걸까? 나는 아직도 미숙한 사람인 걸까? 어쩌면 그럴지도 몰라. 하지만 아무래도 좋아. 나는 이 편지를 쓰고 있는 내가 부끄럽지 않아.

윤희야. 너는 나한테 동경의 대상이었어. 너를 만나고 나서 나는 내가 어떤 사람인지 알게 됐어. 가끔 한국이 그리울 때가 있어. 우리가 살았던 동네에도 가보고 싶고, 같이 다녔던 학교에도 가보고 싶어. 한국에 있는 엄마는 어떻게 지내고 있는지, 또 너는 어떻게 지내고 있는지 궁금해.

ユンヒへ。

元気だった? ずっと前から聞きたかった。 あなたは私のことを
忘れてしまったかも。 もう20年も経ったから。 急に私のことを
伝えたくなったの。 生きていればそんな時があるでしょう? ど
うしても我慢できなくなってしまう時が。

私の両親を覚えている? いつもケンカしていた二人は、私が
二十歳の時、結局離婚してしまったの。母は韓国に残り、私は
父と一緒に日本に来た。日本に来た後、父は私を伯母に預けた
の。時々、電話をしたりもしたけれど、もうそれすらもできな
くなった。少し前に亡くなったのおかしいでしょう? いつ死ん
でも構わないと思っていた父のおかげで、こうやってあなたに
手紙を書くことになるなんて。

私の伯母さん、知ってるよね? 私がよく話していたマサコ伯母
さん私は伯母と一緒に小樽で暮らしてるの。伯母さんは私と似
てるみたい。大声で話す人や、人混みが嫌いなところ、人が寝
静まった夜が好きなところまで。伯母さんは冬の小樽が似合う
人なの。冬の小樽には、雪と月、夜と静寂だけだから 時々考え
ることがあるの。ここはあなたにもよく似合う場所だと。あな
たもマサコ伯母さんと私のように、きっとここが好きになるだ
ろうと。

長いことあなたの夢は見なかったのに変でしょう。昨日、あな
たの夢を見た。たまにあなたの夢を見た日はあなたに手紙を書
いたわ。でも結婚して家庭のあるあなたに、その手紙を送るこ
とはできなかった。そうしていたらあなたに話したいことが積
もっていって、毎回こうして、初めて書く手紙のように手紙を
書くことになる。

迷っているうちに時間が過ぎてしまった。私は卑怯だった。あなたから逃げたし、相変わらず逃げているそのうち、たぶんまた、初めて書くように、この手紙を書くことになるわね。馬鹿馬鹿しいかな? 私はまだ未熟な人間なのだろうか? もしかしたらそうかもしれない。そんなのどうでもいい。私はこの手紙を書いている自分が恥ずかしくない。

ユンヒ、あなたは私にとって憧れの対象だった。あなたと出会ってから、私は自分がどんな人間なのかを知ったの時々韓国が恋しくなる時がある。私たちが住んでいた町にも行ってみたいし、一緒に通った学校も訪れてみたい。韓国にいるお母さんは元気にしているのか、そしてあなたがどう過ごしているのか、気になる。

준에게.

잘 지내니? 네 편지를 받자마자 너한테 답장을 쓰는 거야. 나는 너처럼 글재주가 좋지 않아서 걱정이지만. 먼저, 멀리서라도 아버님의 명복을 빌게.

나는 네 편지가 부담스럽지 않았어. 나 역시 가끔 네 생각이 났고, 네 소식이 궁금했어. 너와 만났던 시절에 나는 진정한 행복을 느꼈어. 그렇게 충만했던 시절은 또 오지 못할 거야. 모든 게 믿을 수 없을 만큼 오래전 일이 돼버렸네?

그때, 너한테 헤어지자고 했던 내 말은 진심이었어. 부모님은 너를 사랑한다고 말하는 내가 병에 걸린 거라고 생각했고, 나는 억지로 정신병원에 다녀야 했으니까. 결국 나는 오빠가 소개해주는 남자를 만나 일찍 결혼했어.

이 편지에 불행했던 과거를 빌미로 핑계를 대고 싶진 않아. 모두 그땐 그럴 수밖에 없었던 일이라고 생각해. 나도 너처럼 도망쳤던 거야. 그 사람과 내가 결혼식을 올리던 날, 우습게도 가장 먼저 떠올랐던 사람이 너였어. 모르는 사람들의 축하를 받으며, 이곳을 떠난 네가 행복할 수 있기를 간절히 빌었어.

준아. 나는 나한테 주어진 여분의 삶이 벌이라고 생각했어. 그래서 그동안 스스로에게 벌을 주면서 살았던 것 같아. 너는 네가 부끄럽지 않다고 했지? 나도 더 이상 내가 부끄럽지 않았으면 좋겠어. 그래, 우리는 잘못한 게 없으니까.

마지막으로 내 딸 얘기를 해줄게. 이름은 새봄. 이제 곧 대학생이 돼. 나는 새봄이를 더 배울 게 없을 때까지, 스스로 그만 배우겠다고 할 때까지 배우게 할 작정이야.

편지에 너희 집 주소가 적혀 있긴 하지만, 너한테 이 편지를 부칠 수 있을지는 모르겠다. 나한테 그런 용기가 있다면 얼마나 좋을까? 이만 줄여야겠어. 딸이 집에 올 시간이거든. 언젠가 내 딸한테 네 얘기를 할 수 있을까? 용기를 내고 싶어. 나도 용기를 낼 수 있을 거야.

추신. 나도 네 꿈을 꿔.

인터뷰 / 감독 임대형

글 이은선

윤희에게. 제목부터 '윤희'라는 사람을 부르며 시작한 이 영화는, 준이 보낸 편지에 윤희가 용기 내어 화답하기까지의 이야기다. 윤희는 자기 자신을 잃어버린 사람이다. 스스로의 의지가 아닌 외부의 억압으로 가로막힌 사랑은 그를 과거에 머물게 만들었다. 눈에 파묻혀 보이지 않는 철길처럼, 윤희의 지난 시간은 존재하되 존재하지 않았다. 영화는 "여분의 삶이 벌이라고 생각"했던 윤희가 스스로 지난 과거를 돌아보고 현재를 똑바로 마주하게 만든다. 윤희의 시간이 멈추었던 즈음의 나이를 통과하고 있는 딸 새봄을 통해, 윤희의 삶에 다시 봄이 찾아오도록 부드럽게 추동한다.

임대형 감독은 억압된 삶을 살았던 여성들의 이야기를 그리면서, 주인공들의 고통을 착취하는 대신 조용히 그들의 내면에 집중하는 길을 택했다. 퀴어 영화이자 로드무비 등 여러 장르적 결들로 읽힐 수 있는 구성을, 상실한 무언가를 복원해가는 과정이라는 큰 틀로 엮어낸 각본은 구석구석 사려 깊다. 이 여정을 통해 우리는 윤희라는 사람이 묻어두었던 시간을 이해하고 경험하며 나아가 그를 응원할 수 있게 된다. 자극적인 장르적 서사가 범람하는 시대에, 단정한 품새와 따스한 온도를 지니고 찾아온 〈윤희에게〉는 귀한 결과물이다.

이 인터뷰는 감독이 직접 각본을 쓰고 연출하는 과정에서 품었던 고민과 스스로를 향해 수없이 던졌던 질문에 대한 기록이다. 스스로 "희귀한 영화"라 자신의 작품을 정의하는 그의 말을 들여다보면, 무엇 하나 허투루 쩍지 않으려 했던 감독의 고뇌들로 빼곡하다. 자신이 창조한 인물들과 그들의 입을 통해 관객에게 전달되는 대사들, 다시 그것이 영상으로 옮겨지는 과정까지 작품 전체를 대하는 감독의 태도를 엿볼 수 있는 기록이기도 하다. 어쩌면 당신이 눈치채지 못했던 이야기들, 알고 나면 〈윤희에게〉를 더 사랑하게 될 이야기들이 여기에 있다.

---

* 본문 중에서 괄호 안 작은 글씨는 독자의 이해를 위해 인터뷰어가 설명을 추가한 것이다.

이은선 **개봉 후 관객 반응들을 접하니 어떤가.**

임대형 열렬히 사랑해주시는 분들이 계셔서 놀라웠다. 만듦새가 대단히 훌륭해서라기보다, 이 영화의 존재 자체를 귀하게 여겨주시는 것 같다.

이은선 **감독 스스로는 이 영화의 존재를 어떻게 정의하나.**

임대형 희귀한 영화? 김희애라는 스타가 출연한 중년 여성 퀴어 영화. 그간 한국에서 한 번쯤 나올 법도 했는데 전례가 없었고, 그러다 보니 많은 분들이 애정을 주시는 것 아닐까 싶다. 나 역시 한 명의 관객으로서 기다려왔던 영화다. 물론 나는 이제 객관적 관객이 될 순 없지만 말이다.

이은선 **각본 자체가 영화의 인상과 비슷하다. 조용하고 단정하며 문학적이다. 글을 완성하는 데는 얼마나 걸렸나.**

임대형 전작 〈메리 크리스마스 미스터 모〉(2017) 개봉 즈음부터 머릿속에서 구조를 짜나갔다. 덕분에 초고는 삼사 일밖에 걸리지 않았다. 다만 퇴고가 길었다. 촬영 현장에서도 상황에 맞춰 매일 밤 고쳤다. 아침 여섯 시부터 일정을 시작해 밤 열한 시쯤 마치면, 그때부터 다음날 새벽까지 계속 고쳐나가기를 일주일쯤 반복하니까 정말 죽겠더라. 그 정도로 고치고 또 고쳤다.

이은선 **겨울에 일본 홋카이도 지역의 오타루를 여행할 때 떠올린 이야기라고 들었다. 영화의 중요 배경이기도 한데, 눈이 가득 쌓인 공간 자체에서 얻은 영감이 있을 것이다.**

임대형 연출가들은 전작에서 풀지 못한 숙제를 다음 작품에서 풀고 싶어하는 것 같다. 전작의 배경이 겨울이었는데, 찍으면서 눈이 내리질 않아 한이 맺히더라. 겨울의 풍경을 제대로 담고 싶다는 욕심이 그때 생겼던 것 같다. 눈이 많이 내리는 곳을 찾다보니 오타루에 관심이 갔다. 빠르면 십일월부터 눈이 내리기 시작해 사월경까지 쌓여 있다고 했다. 주민들이 사는 곳들을 주로 다니며 최대한 현지인의 시선을 가져보려고 노력했다. 준과 마사코가 사는 공간이 될 것이기 때문이었다. 오타루 출신으로 지금은 한국에서 유학 중인 친구(이 영화의 제작부에서 일한 카사하라 미나코)와 함께 다니며 도움을 받았다. 일단 눈이 정말 많이 온다는 게 오타루에 대한 첫번째 인상이었고, 계속해서 눈을 치워야 한다는 데서 오는 막막함 역시 느껴졌다. 내가 표현하고 싶은 영화의 정서와 그 막막함이 잘 어울린다는 생각을 하게 됐다.

이은선 **정확하게는 오타루에서 불현듯 떠올린 이야기가 아니라, 어느 정도 얼개가 짜인 상태에서 오타루에 가서 장소의 구체성을 심화시킨 걸로 보는 편이 옳겠다.**

임대형 맞다. 애당초 지역이 정해져 있지는 않았지만 눈이 많이 쌓이는 공간이 필요했고, 오타루에 갔을 때 '여기다' 싶었던 거다. 캐릭터들은 이미 내 마음 안에서 오랜 시간을 두고 하나씩 만들었던 터다.

이은선 **눈이 오지 않아 한이 맺혔다는 말은 의외다. 보통 촬영 때 다들 꺼리는 상황 아닌가.**

임대형 눈이 오면 왠지 마음이 좋지 않나. 어릴 때를 생각하면 겨울에 눈이 참 많이 왔던 것 같은데 그 기억이 남아서인가보다. 겨울이라는 계절의 모순도 재미있다. 바깥 날씨는 추운데 실내는 따뜻하니까. 눈도 실은 차가운 성질인데 따뜻한 감흥을 주는 게 흥미롭다. 살아가는 것 자체가 모순으로 가득한데, 영화는 그런 삶의 속성을 담는 매체라는 점에서도 겨울과 비슷하다는 생각이 든다. 그래서 자꾸 겨울 배경 영화를 찍는 건가 싶기도 하다.

이은선 **최대한 현지인의 시선으로 보려 한다 해도, 외지인에게 설원의 풍경은 자칫 낭만적으로만 보이기 십상이었을 텐데.**

임대형 실제로 오타루는 어떻게 찍어도 이미지 과잉이라 느껴질 만큼 잘 꾸며져 있고, 정돈된 느낌이더라. 처음부터 문명환 촬영감독과 상의했던 것은 '절대 예쁘게 찍지 말자'는 것이었다. 이곳에 사는 사람들이 등장하는 영화인 만큼 낭만적인 풍경보다 자연스러운 생활감이 중요했다.

이은선 **미술감독이 두 명(김진영, 후쿠시마 나오카)인 것도 마찬가지 이유인가.**

임대형 그렇다. 이 영화를 함께 작업했고, 과거 일본 영화 제작사에서 일했던 고경란 프로듀서의 추천을 받았다. 후쿠시마 나오카 미술감독에게 감탄했던 것은, 촬영 전에 감독을 상당히 많이 괴롭힌다는 점이었다. 처음에는 '내가 이런 것까지 결정해야 하나?' 싶을 정도로 집요하게 의견을 구했다. 가령 '마사코가 에스에프 소설을 좋아하는 인물인데, 카페 소품으로 이런 장난감은 어떨까요?' 하는 식이었다. 오타루가 유리공예가 유명한 지역임을 살려 소품으로 이용하고 싶다고 말하면, 후보를 여러 개 제시하고 내가 하나를 고를 때까지 의견을 구했다. 마사코와 준이 사는 집의 패브릭 색과 무늬는 어떻게 고를지, 바닥에 책을 가로로 쌓을지 세로로 쌓을지까지 말이다. 고양이가 살고 있는 공간이므로 실제로 여기저기 고양이털을 많이 묻혀뒀는데, 화면에는 잘 드러나지 않아 아쉽다. 마사코가 불단 앞에서 종을 치는 장면 하나를 위해서도 어떤 불단의 스타일로 만들 것인지 아주 디테일한 질문과 답이 오갔다. 보통 미술에 대해서는 청사진만 제시하는 식이었는데, 새로운 경험이었다. 나중에는 이 같은 방식이 나와 더 잘 맞는다고 느끼기도 했다.

이은선 **불단 얘기가 나와서 말인데, 그 장면에서 마사코가 '천국에 잘 도착했니?'라는 짧은 대사를 할 때 감탄했던 기억이 있다. 함축적이면서도 마음을 울리는 대사다.**

임대형 대사를 쓸 때 진짜 그 인물이 말하는 것처럼, 단 한마디로도 많은 것들을 표현하게끔 공을 들이는 편이다. 대사에 힘을 실어주려면 여러 연출적 요소의 결합도 중요하다고 생각한다. 실제로 영화에는 그 대사 뒤에 고양이 울음소리를 넣었다. 사적인 경험인데, 〈윤희에게〉 각본을 쓰기 전 반려묘 고래(일본어로 '쿠지라'. 영화에서 준의 고양이 이름이다)가 세상을 떠났다. 마음이 힘든 상태에서 각본을 쓸 때 그 대사가 툭 생각났던 것 같다. 고양이 울음소리는 천국에 잘 도착했다는 대답의 의미다. 실제로 고양이는 영적인 동물이라고도 하지 않나. 나는 마사코와 준의 공간을 '고양이의 집'이라고 생각했다. 고양이는 예민한 동물이고, 사람과 공간에 적응하기 위해 많은 시간이 필요하다. 준은 고양이 같은 사람이다.

이은선 **마사코가 '눈이 언제쯤 그치려나'라는 말을 여러 번 한다. 실제로 오타루에서 감독이 여러 번 들은 말이라고 알고 있다. 하지만 인물이 반**

복해서 이야기하게 만들 때는, 단순히 감독이 지역에서 받은 인상 이상의 함의를 넣었을 거라고 생각한다. 게다가 마지막에는 준이 이 말을 대신 말하기까지 한다.

임대형 준이 '왜 그런 쓸데없는 말을 하냐'고 묻고, 마사코는 '일종의 주문이랄까'라고 답한다. 어쩌면 그게 마사코의 삶의 태도일 거라고 생각했다. 앞으로도 내 앞에 생은 길게 남아 있고 지금보다 더 막막한 상황들이 자주 펼쳐지겠지만, 이렇게 의미 없는 말들이라도 주문처럼 외우면서 그저 견디고 살아가는 것. 준이 그 말을 따라하는 건, 마사코의 태도를 이어받는다는 뜻이다.
부자(父子)관계를 다룬 영화들을 보면 꼭 유산이 등장한다. 아버지는 아들에게 물질이 아니면 정신이라도 물려준다. 당연하게 엄마로부터 딸이 물려받는 것도 있는 것 아닌가. 그게 삶의 태도일 수 있겠다고 생각했다. 마찬가지로 윤희는 새봄에게 용기를 물려주고자 한다.

이은선 전작 〈메리 크리스마스 미스터 모〉의 배경은 감독의 고향인 충남 금산이었다. 특정 공간에서 이야기를 자주 떠올리는 편인가.

임대형 단편을 만들 때부터 생긴 습관이다. 글을 쓸 때 공간을 생각하지 않으면 구체적으로 풀어가기가 어렵다. 〈윤희에게〉의 초고를 완성하기까지 오타루라는 공간에 빚진 것이 많다. 오타루의 기차들을 유심히 보면서 윤희와 준을 연결하는 수단으로 써야겠다는 구상을 했고, 이미지의 통일성을 위해 윤희가 사는 한국의 배경에도 기찻길과 기차가 있었으면 했다. 공간에서 본 것들을 구체적으로 글에 녹이고 엮는 편이다.

이은선 기차가 흔히 보이는 오타루의 공간 특성을 떼고 보더라도, 윤희

와 준 사이를 잇는 모티프로 기차를 활용한 건 무척 인상적이었다. 보통 남성적인 상징으로 활용되기 때문이다.

임대형　동의한다. 그간 영화에서 질주하는 기차의 운동 이미지가 남성적인 무언가로 활용되는 게 대부분이었고, 실제로 그 인상을 조금 비틀어보고 싶은 야심도 있었다. 다만 기차를 어떤 상징으로 활용하기보다는 일본의 준과 한국의 윤희를 연결할 수 있는 정확한 수단으로 보여주고자 하는 마음이 더 컸다.

이은선　각본을 쓸 때 특정 습관이 있나. 한번에 죽 써내려가는 편인지, 장면들을 나눠 생각하다 이어 붙이는 편인지도 궁금하다.

임대형　작가 레이먼드 챈들러는 하루 네 시간을 무조건 글 쓰는 시간으로 만들라고 하더라. 만약 글이 안 써지면 그 시간에 아무것도 하지 말라고. 실제로 해보니 네 시간 동안 아무것도 못 썼다는 패배감만 이루 말할 수 없고(웃음). 패배감은 결국 '무조건 써야 한다'는 압박으로 바뀌더라. 그렇게 탄생한 여러 버전의 각본들이 있었다. 예산을 줄여보겠다고 준의 국적을 아예 한국인으로 바꾸고, 한국에서만 벌어지는 이야기로 바꾼 적도 있다. 이게 끝이 아니다. 캐스팅 과정에서 새로운 버전이 탄생하기도 하고, 기존의 장점들을 유지하느라 다시 처음으로 돌아가기도 일쑤다. 복잡하고 지난한 과정들을 계속 겪다보면 내가 무슨 이야기를 하고 싶었는지도 희미해지는 지경에 이르는데, 그때마다 핵심을 잊지 않으려고 노력하는 수밖에 없다.

이은선　흔들릴 때마다 떠올린 이 영화의 핵심은 뭐였나.

임대형　'〈윤희에게〉는 퀴어 영화'라는 것. 핵심은 윤희와 준의 멜로이고, 그들이 겪은 마음의 상처들을 이야기하기 위해 가족을 서브플

롯으로 활용하는 이야기라는 것.

이은선 **〈윤희에게〉의 가까운 레퍼런스로는 토드 헤인즈 감독의 〈캐롤〉 (2015)이 떠오른다. 실제로 무척 좋아하는 영화라고 들었다. 영향을 받은 면이 있을까.**

임대형 〈캐롤〉은 정말 치밀하게 설계된 영화다. 시대 배경부터 카메라의 앵글 안에 들어오는 모든 것이 엄격하게 통제돼 있고, 연출가의 정확한 의도가 보인다. 우연에 맡기기보다 어떤 이야기를 하고자 집중해서 담아내고 잘 설계한 영화를 좋아한다. 캐롤(케이트 블란쳇)과 테레즈(루니 마라)가 첫 만남에서 반하는 순간 역시 볼 때마다 어떻게 저렇게 완벽한 이미지로 표현했을까 반하곤 한다. 사랑에 대해 내가 느꼈던 감정의 온도가 〈캐롤〉에서 표현하고자 하는 온도와 잘 맞았던 것 같다. 가령 테레즈가 기차 안에서 우는 장면. 상대방 앞에서 눈물을 보이는 게 아니라, 혼자가 되었을 때 비로소 속상해하며 울어버리지 않나. 내 눈물이 상대에게 폐가 될 수도 있고 고통을 줄 수도 있으니까. 그렇게 홀로 감내하려는 인물들을 아끼는 편이다.

이은선 **그래서일까? 〈윤희에게〉의 윤희와 쥰 역시 누군가의 앞에서 눈물을 보이지 않는다. 윤희는 홀로 울고, 쥰은 마사코를 안은 상태로 등 뒤에서 눈물을 흘린다.**

임대형 영화에서 우는 모습을 상대에게 보이는 인물은 윤희의 전 남편 인호뿐이다. 눈물을 보여주고, 자신의 감정을 인정받고 싶은 태도다. 내 안의 풀리지 않는 매듭을 혼자 풀 수 있어야 어른이라고 생각하는데, 인호는 미숙하다. 누군가 대신 풀어주길 바라는 것이다.

이은선　**처음 제목은 〈만월〉이었다. 조금은 문학적인 표현인데, 어떻게 떠올렸나.**

임대형　오타루 밤길을 걷다가 문득 보름달을 보고는 사진을 찍으려 하고 있었다. 한 중년 남성 취객이 다가오더니 뭔가를 말하고 지나가더라. 생각해보니 '보름달인가(滿月か)'라고 말한 거였다. 그날 오타루에 뜬 보름달이 비현실적이라고 느껴질 만큼 유독 가깝고 커서 그랬는지, 그때의 기억이 머릿속에 오래 남았던 것 같다.

이은선　**영화에서는 윤희와 새봄이 겪는 에피소드로 나온다.**

임대형　아, 나도 이야기하면서 오랜만에 떠올리고는 깜짝 놀라는 중이다. 글을 쓸 때 사적인 경험을 지나치게 반영하는 건 그저 내 이야기처럼 보일까봐 최대한 경계하는데, 그럼에도 불구하고 어쩔 수 없이 반영이 되나보다.

이은선　**각본을 쓸 때 또 어떤 것들을 특별히 조심하는 편인가.**

임대형　맞춤법과 띄어쓰기. 각본이라는 건 영화화하지 않으면 어디까지나 휴지 조각에 불과하지만, 그래도 그 과정에서 누군가 읽어야 하는 종류의 글이다. 또한 문학의 한 형태이지 않나. 각본 자체에 어느 정도 완성도가 있어야 영화에 그 완성도가 반영된다고 생각하는 편이다. 최대한 문장은 간결하게, 컷의 길이와 리듬을 고려해 이미지의 상상이 수월하게끔 쓴다. 내가 소설을 읽을 때 이미지화해서 읽는 버릇이 있는데, 그 영향 때문이기도 할 것이다. 사람들이 각본을 읽을 때 각자 누군가의 이미지를 대입해보기도 하고, 자기 자신이 경험했던 특정 공간을 대입해보기도 하면서 읽을 수 있도록 쓰려는 편이다.

이은선　〈윤희에게〉는 퀴어 멜로이기도 하고, 모녀 관계를 중심에 둔 여성 서사이기도 하다. 동시에 자기 자신의 존재를 부정당하고 살아온 사람들의 이야기라는 점 역시 중요해 보인다. 이 화두는 어떤 계기로 떠올렸던 것 같나.

임대형　우연한 계기에 고(故) 조은령 감독(1998년 한국영화 최초로 칸 영화제에 단편경쟁 부문에 진출한 〈스케이트〉 연출)의 집에 초대받아 어머님을 뵌 적이 있다. 그때 감독의 컬렉션 디브이디를 선물 받았는데, 그 안에 그가 미처 영화로 완성하지 못한 영화 각본이 있었다. 조선학교 학생들이 주요 캐릭터로 등장하는 〈프론티어〉라는 작품이었다. 혐오와 차별이 만연한 사회에서 한국 이름을 포기하고 살아가는, 배타적 민족주의 국가 안의 소수자들 이야기가 무의식에 계속 남아 있었던 것 같다. 그 생각은 내 영화에 한일 양국 모두에서 소속감을 얻지 못하고 차별받는 소수자의 이야기를 담고 싶다는 바람으로 이어졌다. 준이 '하프 재패니스(half Japanese)' 캐릭터가 된 이유다. 또한 한국과 일본은 성소수자들이 탄압받는 이성애 중심 사회라는 점에서 비슷하다. 특정 계기가 있었다기보다, 오래도록 마음에 있던 이런 이야기들을 더 미룰 수 없다는 생각에서 각본을 쓰기 시작했다.

이은선　어떤 작품의 각본을 쓰기 전에 일단 자기 자신의 마음을 들여다보고, 그 안에서 무언가를 그러모으는 작업부터 출발하는 것 같다.

임대형　맞다. 매번 그렇게 시작한다.

이은선　가족 때문에 상처받았던 두 사람이 있고, 이들 사이에는 부치지 못한 편지 같은 마음이 있다. 그 마음이 다시 가족들로 인해 연결된다는 점이 이 영화의 사려 깊은 지점 중 하나다. 준에서 시작해 마사코, 새봄, 윤희까지 이어지는 연결 말이다.

임대형 애초에 준이 편지를 보낼 수 있는 사람인가부터 생각했다. 준은 자기가 말할 수 없는 것은 말하지 않고, 설령 그러더라도 혼자 간직하는 사람일 것 같았다. 그렇다면 준이 아닌 누군가 편지를 보내야 하는데, 적당한 배려심이 있고 귀여운 장난기 역시 있는 마사코가 적역이었다. 둘 중 누가 보내든 편지를 먼저 받는 사람이 새봄이라는 설정은 초고에서부터 있었다. 윤희는 책임감으로 살아온 사람이고 그의 일상을 지키고 있는 존재는 딸이니, 현재의 윤희를 움직이게 하는 존재는 새봄뿐일 거라고 생각했다. 윤희에 대해서 어느 정도 추측하고 있고 또 위해주는 존재가 필요하다고 봤다.

이은선 새봄은 이야기의 진행을 가능하게 만드는 캐릭터이고, 동시에 윤희라는 인물을 바라보는 성실한 관찰자다. 새봄의 캐릭터에는 또 어떤 면들을 기대했나.

임대형 플래시백이 없는 구조이기 때문에 관객이 새봄을 통해 윤희의 과거를 추측했으면 했다. 윤희는 어릴 때 어떤 사람이었을까. 새봄에게 카메라를 주었으니 사진 찍는 걸 좋아했을 것이고, 새봄처럼 대담한 성격이었지만 가족과 사회적 압력에 의해 의지가 점차 꺾인 게 아닐까. 영화에서는 생략됐지만 각본에는 윤희의 딸이 다녀갔다는 마사코에 말에 준이 이렇게 말하는 대목이 있다. '지 엄마 어렸을 때 닮았으면 예쁘겠지. 항상 당당하고, 자신감이 넘치겠지.'

이은선 새봄이라는 이름은 인생에 봄이 필요한 윤희의 상황에 빗대어 볼 때 다분히 의도적인데.

임대형 사실 지금까지도 유치하다는 생각이 든다(웃음). 너무 직접적이고, 누가 봐도 알 수 있지 않나. 그런데 관객 분들이 그 뜻을 파악하고 좋아하시더라. 이야기나 설정을 간접적으로 어렵게 푸는 것보다, 조금은 유치하더라도 정직하게 풀어나가는 노력이 중요하다는 걸 알게 됐다.

이은선 **준과 윤희가 서로에게 쓰는 편지가 영화의 중요한 뼈대다. 각본 초기 단계부터 정해진 설정 같던데.**

임대형 처음부터 이 영화는 누군가에게 편지를 쓰는 구조, 편지라는 테마가 중요한 작품이라고 생각했다. 서간체 소설(등장인물의 편지를 이용해 이야기를 전개하는 소설의 형태)을 좋아하는 개인적 취향도 반영됐다. 슈테판 츠바이크가 쓴 〈낯선 여인의 편지〉라는 단편소설을 좋아하는데, 그걸 읽고 어떤 캐릭터의 감정을 표현하는 데 있어 편지만큼 좋은 수단이 없다고 생각한 적이 있다. 특히 손으로 쓴 편지는 컴퓨터로 쓴 것처럼 간단히 지우는 게 불가능하지 않나. 지울 수 없는 말들 속 진심. 그것을 가감없이 들려주면 관객이 캐릭터에 자연스럽게 이입할 수 있겠다고 판단했다.

이은선 **준의 문장들이 조금 더 부드럽고 문학적이라면, 윤희의 표현은 담백하고 솔직하다. 한 사람이 전혀 다른 두 인물의 대사를 쓰는 것보다 그들이 쓸 법한 편지 글을 만드는 게 더 어렵지 않을까 싶은데. 말 그대로 내밀한 언어들 아닌가.**

임대형 편지 글을 정말 많이 퇴고했다. 후반 작업에서 편집도 여러 번 바뀌었고, 내레이션 역시 여러 버전으로 녹음해서 선택했다. 문장 하나하나를 어떤 장면에 붙이느냐, 어떤 길이로 표현하느냐를 두고 편집 과정에서 고심해야 하기 때문에 계속해서 새로 다듬으며 문장을 고쳤다. 두 편지가 다르게 느껴졌다면 아마 처음부터 그랬다기보다 퇴고 과정에서 만들어진 톤일 것이다.

이은선 **영화에서 준이 보낸 편지 문장을 읽는 첫 목소리는 준이 아닌 새봄의 것인데.**

임대형 '편지가 향하고 있는 대상은 새봄이 아닌 윤희'라는 것이 각인되는 장면이다. 관객은 그 상황을 기억한 상태로 인물들의 일상을 보게 된다. '나는 엄마에게 짐'이라고 생각하는 새봄이도 편지에 이입하는 과정이 필요했기 때문에, 직접 편지를 읽게 하는 것이 도움이 될 거라고 생각했다.

이은선 **새봄이 돌연 편지의 냄새를 맡아보는 장면도 떠오른다.**

임대형 영화에 냄새와 관련한 구절이 네 번 등장한다. 나름의 설계였다. 윤희는 준을 '좋은 냄새가 나는 사람'으로 기억하고, 마사코는 자신의 첫사랑을 '화장실 방향제 냄새가 나는 사람'으로 기억한다. 영화 초반 준이 보낸 편지의 냄새를 맡던 새봄은 후반부 고등학교 졸업식 날 꽃다발 냄새를 맡는다. 냄새는 우리의 여러 감각들 중 과거의 특정 시공간을 가장 직관적으로 기억하게 만드는데, 스크린으로 표현하기에는 한계가 있다. 다만 인물들이 어떤 냄새를 맡고 어떤 감각들을 느꼈는지 관객들의 상상을 자극할 순 있다. 윤희가 준을 기억할 때 떠올리는 냄새를 새봄이 편지에서 맡았을 수도 있지 않을까.

이은선　새봄과 윤희가 같이 있는 장면 중 마음에 가장 깊이 남아 있는 건, 밤에 둘이 함께 누워서 대화를 나눌 때다. 새봄이 '엄마가 더 외로워 보여서' 엄마와 사는 것을 택했다고 말할 때, 그걸 듣는 윤희의 표정이 인상적이다. 어떻게 보면 새봄이 윤희의 삶을 진단하는 장면이기도 하다.

임대형　그때 윤희는 자기 내면의 불빛들이 다 꺼져버리는 느낌을 받지 않았을까. 딸을 키우기 위해 책임감으로 버티며 일상을 잘 유지하고 있었는데, 실은 그게 아니었다는 걸 깨닫는 순간이었을 것이다. 그다음 장면에서 윤희의 표정은 텅 비어 있다. 윤희가 일상에서 벗어나 여행을 가는 계기가 단순히 편지 한 통일 순 없다고 생각했다. 가까스로 지키고 있던 자신의 위태로운 일상이 사실은 언제 무너져도 이상할 게 없는 것이었다고, 새봄이 그걸 일깨워주는 과정이 필요하다고 봤다.

이은선　배우들의 해석과 연기를 통해 캐릭터의 면면이 훨씬 풍성해지거나, 때론 감독이 생각하지 못한 방향으로 깊어질 때가 있지 않나. 이 영화의 경우에는 어땠나.

임대형　윤희가 준의 집 앞을 찾아가는 장면에서 김희애 배우의 연기를 보고 많이 배웠다. 20년 전으로 돌아간 것 같은, 소녀의 모습이더라. 서로에 대한 기억은 20년 전에 멈춰져 있는 상태에서 상대방을 보고 도망치는 모습. 각본에는 정확한 묘사가 없다. 글은 내가 썼지만 나는 결코 윤희가 될 수 없다고 현장에서 정확히 느낀 순간이다.

이은선　배우 김희애가 지닌 특유의 우아함과 단아함이, 생활에 찌든 채로 음식을 퍼주는 윤희의 모습과 충돌하면서 발생하는 묘한 매력이 있다고 생각한다. 현장에서 직접 지켜볼 때는 어떤 느낌을 받았나.

임대형 그 충돌은 어느 정도 의도했다고 보는 편이 옳다. 배경에 썩 잘 어울리는 느낌이 아니잖나. 나는 윤희가 그렇게 보였으면 했다. 이 공간에 잘 어울리는 사람이 아니라, 오히려 다른 곳에 잘 어울리는 사람. '이곳은 너와도 잘 어울리는 곳'이라는 준의 편지 구절을 상상하게 하는 사람 말이다. 사람들 사이에 섞여 있어도 어딘가 조금은 튀는 듯한 사람이 있는데, 윤희는 내게 그런 이미지였다.

여담이지만, 오타루를 여행할 때 주민들이 패딩을 입지 않기 때문에 관광객을 옷차림으로 구분한다는 사실도 알게 됐다. 그게 윤희에게 코트를 입힌 이유다. 오타루에 더 어울리는 사람이기 때문이다. 윤희의 일상적인 모습을 통해 자연스럽게 나이 들어가는 중년의 김희애를 보여주고 싶은 마음도 있었다. 메이크업을 거의 하지 않아 주름이 멋지게 비치는 얼굴 말이다. 여성 배우들의 주름은 악플의 대상이 되고, 남성 배우들의 주름만 훈장처럼 이야기되는 것은 씁쓸하다.

이은선 **김희애와 나카무라 유코에게는 심지가 굳고 단아한 이미지가 공통적으로 발견되는데.**

임대형 일본의 중년 배우를 찾던 중 〈스트로베리 쇼트케이크〉(2007)와, 2009년 전주국제영화제 디지털 프로젝트 〈어떤 방문〉 중 가와세 나오미 감독의 단편을 통해 나카무라 유코 배우를 알게 됐다. 이전부터 많은 작업을 지켜봐온 것이 아니기 때문에 배우에게 특정 인상을 가졌던 건 아니다. 다만 윤희와 준 모두 단정한 인물이라고 생각했고, 의상과 분장을 통해 톤을 조금씩 의도해서 만들어간 면은 있다. 캐스팅 단계에서부터 의도한 것은 아니지만, 실제로 두 배우 모두 단정하고 교양 있는 지성인들이기에 이미지가 비슷해 보인 것 아닐까. 그런 건 꾸민다고 표현되는 게 아니니까.

이은선 　마지막에 '추신. 나도 네 꿈을 꿔'라는 윤희의 대사를 들으면, 이 한마디를 위해 영화가 달려왔구나 싶은 생각이 들 정도다. '윤희에게, 잘 지내니?'로 시작하는 편지에 완벽하게 화답하는 한마디다.

임대형 　그 대사를 이렇게까지 많은 분들이 좋아해주실 줄은 몰랐다. 처음부터 확고하게 떠올린 마무리 대사도 아니었다. 해당 대사의 여운은 영화의 리듬을 통해 만들어진 부분이 크다고 본다. 화면이 암전된 상태에서 윤희의 대사가 들리고, 음악이 바로 깔린다. 어떤 대사를 강조할 때 쓰기 좋은, 말 그대로 효과적인 방식인 것이다. 사실은 중간에 그 대사를 빼려고도 했다.

이은선 　**선택을 번복해서 다행이다(웃음).**

임대형 　지금 돌이켜보면 위험한 생각이었다. 마지막 컷은 새봄이 카메라로 윤희를 바라보는 시선이잖나. 암전 상태에서 '찰칵'하는 셔터음을 내면서 마무리할까도 싶었다. 그런데 문득 윤희의 한마디가 정말 중요한 대사인 것 같다는 생각이 들더라. 스태프에게 '윤희의 대사를 빼면 어떨까' 하고 의견을 구했더니 다들 반대했던 기억이 있다. 영화를 만들 때 아주 사소한 것까지 나 혼자만 좋아하는 것 아닐까, 내 편견으로 만든 설정은 아닐까 하나하나 의심하는 편이다. 내 입장에선 그 대사마저도 끝까지 의심했던 것이다.

이은선 　**본편에서 삭제된 몇 가지 설정들에 대한 것도 묻고 싶다. 각본에는 윤희가 새봄에게 만들어주는 알밥 관련 에피소드가 몇 번 등장하던데.**

임대형 　후반부에 윤희가 한식당에 취직하려고 하지 않나. 윤희가 나름대로 잘하는 요리가 하나쯤 있을 거라고 상상했다. 편집 단계에서 현재의 러닝타임을 맞추기 위해 어쩔 수 없이 들어냈다. 오타루에 다녀온 뒤 윤희가 새봄과 경수에게 알밥을 만들어주는 장면이 있는데, 그 이미지가 전형적인 어머니상처럼 보일 수도 있겠더라. 그렇다면 이 부분부터 잘라내는 게 맞겠다는 생각이 들었다. 알밥은 색감 때문에 선택한 음식이기도 하다. 코닥 필름을 선호했던 윤희에게 코닥의 대표 색상인 노란색과 붉은색이 두드러지는 음식을 연결한 것이다. 사진의 색감을 구분해서 필름을 고를 만큼 윤희가 사진에 조예가 깊었다는 것을 말하는 설정이기도 했다. 사소한 디테일이지만 윤희 오빠가 운영하는 사진관에는 전부 후지 필름만 있다.

이은선 윤희와 새봄의 여행을 매일 며칠째인지 자막으로 표시하려던 시도도 엿보였다.

임대형 현재 완성본보다 긴 호흡의 영화를 상상하던 때는 자막을 고려했다. 관객이 인물들과 어느 정도 거리를 두고 지켜보게 하는 장치이기도 하고, 윤희와 준이 만날 날이 점점 가까워지고 있음을 환기시켜주는 장치가 될 거라고 생각했다. 본편의 길이가 짧아지면서 날짜를 알려주는 자막은 의미가 없어지더라.

이은선 윤희가 바깥에서 담배를 피운 뒤 섬유향수를 뿌리는 디테일도 있더라. 윤희가 아주 작은 부분까지 자기 자신을 감추고 살아가는 사람임을 보여주는 설정이라 무척 인상적이던데.

임대형 나 역시 정말 좋아하고, 중요하다고 생각했던 디테일이다. 윤희는 새봄에게도 담배 냄새를 숨길 만큼 철두철미한 사람임을 보여줄 수 있어서다. 다만 이 역시 편집 과정에서 어쩔 수 없이 들어냈다. 전체적인 리듬을 고려했을 때는 단 몇 초가 지루하게 느껴질 수 있고, 실제로 그렇게 느껴진다는 피드백을 받기도 했다. 물론 나는 삭제된 모든 신을 포함한 편집본이 지금도 전혀 지루하다고 생각하지 않는다(웃음). 디테일을 잘라내는 건 거의 뼈를 깎는 고통이다. 다만 더 많은 관객과 만나기 위해 내가 타협해야 할 것들이 있었던 것뿐이다.

반성도 뒤따랐다. 편집은 이 컷이 왜 필요한지를 설득하는 과정이라고도 할 수 있는데, 연출이 명확하게 잘됐다면 애초에 설득이 필요 없지 않나. 어차피 감독은 결과물로 책임지는 사람이므로 핑계를 대고 싶진 않다. 그저 각본의 정서를 지키기 위해서는 앞으로 더 잘 찍어야겠구나, 내가 부족했구나 싶다.

이은선 **삭제 신들을 훑어보면, 결국 인물들의 감정을 덜 직접적으로 드러내고 더 배려하는 방향의 수정이라고 생각한다. 가령 준이 윤희에게 보고 싶다고 직접 언급하는 대목은 사라졌다. 새봄이 윤희에게 상처 주는 날카로운 말들을 덜어냈고, 료코가 준에게 마음을 고백하자 준이 이를 거절하는 장면 역시 본편에는 없다.**

임대형 모두 어디까지나 분배의 문제였다. 료코는 상처받은 채 퇴장하는 게 아니라, 후반부 동물병원 장면(#102)에 한 번 더 등장할 계획이었다. 그때 준은 료코에게 손을 흔들어 인사를 하는데, 마치 윤희에게 인사를 건네는 것을 연상시키는 설정이다. 각본 단계에서는 이 장면이 꼭 필요하다고 판단했다. 다만 이 역시 편집 과정의 어쩔 수 없는 선택이었고, 캐릭터를 단순하게 소비하지 않는 차원에서 퇴장시키는 방식을 고려하다보니 지금과 같은 마무리가 됐다. 좀 더 긴 호흡의 영화였다면 윤희와 새봄이 그야말로 바닥까지 쏟아내며 화를 내는 장면도 넣었을 것이다. 가족은 그러면서 더 가까워질 수

도 있다고 생각하기 때문이다. 준이 직접적인 마음을 드러내는 것도
마찬가지다. 짧은 호흡 안에서는 직접적인 감정들을 최대한 절제하
는 것이, 오히려 관객으로 하여금 여백을 상상하게 만드는 방식이라
봤다.

이은선 **윤희와 준의 재회 장면 역시 당초 계획보다 조금 짧아졌다. 어떤**
고민들이 있었나.

임대형 그 장면에서 준은 마치 꿈을 꾸는 표정으로 윤희를 바라본다.
정말 놀라운 상황이니까. 배우에게 그렇게 봐달라고 특별히 주문하
기도 했다. 둘의 시선이 오가는 상황에는 대사가 없어야 한다고 생
각했고, 오히려 그 표정 안에서 더 많은 말들이 오가는 것을 관객들
이 느꼈으면 했다. 둘이 재회했을 때 절대 관객들이 오열하게 만들
면 안 된다는 판단은 있었다. 이 재회 이후 관객은 새롭게 나아가고
자 하는 윤희의 모습을 계속 지켜봐야 하는데, 재회 장면에서 감동
을 모두 쏟아내고 나면 그 이후의 영상들은 잉여분처럼 느껴질 수도
있다고 생각했다. 물론 이 지점을 향해 달리는 영화라는 것 역시 알
고 있기 때문에 이 정도로 끝낼 것인가, 좀 더 극적이어야 할 필요가
있지 않을까 고민하기도 했다. 이제 와서 돌이켜보면 잘한 선택이라
고 생각한다.

이은선 **영화에서는 경수의 분량도 대폭 축소됐다. 한국 영화에서 이렇게**
까지 무해하고 신선한 남성 캐릭터는 오랜만에 본 것 같다.

임대형 편집본이 짧아지면서 제일 먼저 덜어내야 할 것이 경수의 분
량이라고 생각했다. 새봄과 경수의 멜로 라인은 어디까지나 윤희와
준의 서브플롯이기 때문이다. 개인적으로는 의미를 둔 캐릭터이긴

했다. 경수는 윤희와 준의 사연에서 소외되어 있지만, 딱히 새봄을 통해 캐묻지도 않는다. 새봄이 알려주길 원하지 않는다고 느끼기 때문이다. 그렇게 배려할 줄 아는 남성 캐릭터를 만들고 싶었다.

다음 세대의 남성들이 갖췄으면 하는 덕목 중 하나는 '배우려는 태도'다. 어릴 때부터 배려를 배우면 그것이 상식이고 도덕이 된다. 인호는 그것을 배우지 못한 세대라 실수하는 인물이라고 봤다. 다른 캐릭터도 물론 그렇지만, 경수는 배우 덕을 많이 봤다. 성유빈 배우가 실제로 생각이 맑고 선량하다. 배우의 존재감이 아니었으면 성립 불가능한 캐릭터였을 것이다.

이은선 **전작 〈메리 크리스마스 미스터 모〉에서부터 〈윤희에게〉까지 두드러지게 느껴지는 감흥은 회한이다. 두 영화 모두 지나간 시간을 돌아보게 만드는 힘이 있는데, 실제로 관심 있는 테마인가.**

임대형　나는 꽤나 과거지향적인 사람이다. 과거의 영향들이 지금까지 이어지고, 지나간 시간들은 쉽게 잊지 못한다. 두 영화 모두 그런 나의 성향이 반영됐을 것이다. 다만 〈윤희에게〉는 과거에 머무르면 안 되는 이야기라고 생각했다. 과거에 멈추지 않고 현재를 다독이며 조금은 미래로 가고 있는 이야기인 것이다. 개인적으로도 과거를 대하는 방식이 바뀌었다. 지금은 과거가 현재에 미치는 영향이 꼭 고통스럽고 불안한 속성의 것들만은 아니라고 믿는다.

이은선　**자기 자신의 연령대보다 윗세대를 주인공으로 삼은 이야기를 지속적으로 만들고 있다는 점도 신선한데.**

임대형　나보다 이전 세대를 대할 때 존중보다 혐오를 더 쉽게 드러내는 시대라고 생각한다. 물론 존중 받을 만한 점이 없는 어른들도 많지만, 드물게 존경할 만한 어른도 있다. 그들은 오늘날보다 더 체계 없고 엉망인 세상을 견뎌온 분들이다. 과거에 비해 나아진 부분들이 있다면, 그들의 희생이 있었기 때문이라고 생각한다. 그런 부분을 조명하고 싶은 마음이 있다. 나도 곧 중년과 노년을 맞이할 텐데, 그때 젊은 세대가 나에게 혐오의 감정만을 느끼고 있다면 너무 슬플 것 같다. 잘 나이 들고 싶어하고, 실제로 잘 나이 드는 사람들을 영화에서 보여주면서 그것이 우리 시대의 상식인 것처럼 느끼게 만들고 싶은 욕심이 있다. 영화가 상식과 교양의 수준을 조금 더 높여줄 수 있지 않을까.

이은선 **가족 역시 주된 테마인데, 〈윤희에게〉에서는 윤희가 직접 자신에게 상처를 줬던 가족을 끊어낸다는 것이 중요해 보인다. 윤희는 '잘 살아 오빠'라는 말을 남기고 떠난다. 그 말을 하기까지 얼마나 고통스러운 날들을 보냈을지 짐작하게 만드는 대사다.**

임대형 원래는 그보다 더 심한 말을 뱉게 만들고 싶었다. 하지만 김희애 배우가 담담하게 대사를 발음한 순간, 이 정도로 충분하다는 생각이 들더라. 남들이 보기에는 아무렇지 않게 말하는 것처럼 보이지만, 역으로 생각하면 윤희는 지금껏 수없이 준비해왔기 때문에 흔들림 없이 이야기할 수 있는 것이다.

이은선 **좋은 이야기꾼의 자질이 엿보이는 글을 쓰고 영화를 만들었다. 궁극적으로 감독이 지향하는 '좋은 이야기'는 무엇인가.**

임대형 예전부터 각본 작법 책을 정말 많이 읽었다. 그중 어떤 책의 내용을 마음 깊이 기억하고 있다. 한 인물이 자신을 억압하는 환경으로부터 벗어나, 자기 자신의 존엄을 찾아가기 위해 투쟁하는 과정을 그리는 것이 좋은 이야기라는 내용이었다. 진심으로 공감하고, 각본을 쓸 때 잊지 않으려 한다.

이은선 〈윤희에게〉는 그 기준에 딱 부합하는 셈이다.

임대형 맞다. 〈윤희에게〉만큼은, 그런 것 같다.

인터뷰 / 배우 나카무라 유코

글 이은선

살면서 그럴 때가 있지 않니? 뭐든 더 이상 참을 수 없어질 때가. 윤희에게 편지를 쓰는 준의 목소리를 시작으로, 영화는 윤희의 삶뿐 아니라 준의 삶 속으로도 차분하게 관객을 이끈다. 윤희에게 온전히 당도하지 못할 편지를 수없이 쓰고 또 썼을 준의 마음은 가득 쌓인 눈처럼 차갑게 얼어붙어 있다. 그런 준이 가만히 미소 지을 때, 어쩌면 자기 자신에게 존재한다는 것조차 한동안 잊고 있었을 눈물을 흘릴 때, 다시 만난 윤희를 앞에 두고 꿈결처럼 바라볼 때, 비로소 그의 시간이 이전과는 다르게 흐를 수 있게 됐음에 안도하게 된다.

나카무라 유코는 상처받지 않기 위해 벽을 두르며 살아온 준의 고독과 슬픔, 지나간 시간에 묻어둬야만 했던 사랑을 가슴 깊이 받아들였다. 그에게 이 영화는 하나의 "섬세하고 정중한 세계"이자 사람이 사람을 사랑한다는 것에 대한 근본적 이야기였다. 우리가 준이라는 인물에 마음을 빼앗기고 나아가 그를 아끼게 된 것은, 연기를 통해 영화와 인물에 대한 적확하고도 애정 어린 해석을 세심하게 보여주려 한 이 배우의 진심 덕분일 것이다.

편지가 중요한 모티프인 영화에 퍽 어울리게도, 일본에 있는 나카무라 유코와 서면으로 질문과 답을 주고받았다. 그는 답변의 뉘앙스를 최대한 잘 살려 전달해달라고 당부했다. 배우의 뜻대로 가능한 한 원문의 표현들에 가깝게 기록했다.

* 본문 중에서 괄호 안 작은 글씨는 독자의 이해를 위해 인터뷰어가 설명을 추가한 것이다.

이은선　영화의 제목이 〈만월〉에서 〈윤희에게〉로 바뀌었다. 지금의 제목이 작품을 좀 더 풍성하게 만들어준 측면이 있다면, 무엇이라고 생각하는지 궁금하다.

나카무라 유코　클리어(clear)한 인상이었다. '윤희에게'라는, 누군가가 쓴 편지의 서두가 제목이 되면서 그 누군가와 윤희라는 인물 사이의 강한 관계성이 느껴졌다. 또한 편지를 둘러싼 인물들의 심정에 가닿고, 이야기에 더욱 집중하기 쉬워졌다고 생각한다.

이은선　완성된 영화를 처음 본 소감은 어땠나. 시나리오를 읽으며, 혹은 촬영하며 상상했던 것보다 훨씬 깊은 감흥을 주는 장면이 있었다면 무엇인지도 궁금하다.

나카무라 유코　작품에 대한 애착이 강하면 강할수록 그러기 마련인데, 처음에는 전혀 객관적으로 볼 수 없었다. 대신 한국 배우들의 파트는 침착하게 볼 수 있었다. 담배를 둘러싼 윤희와 새봄의 대화나 눈싸움 장면에서 내 상상을 가볍게 뛰어넘은 두 사람의 '절묘한 사이(間合)'가 대단했고, 결국 크게 좋아하는 장면이 됐다.

이은선　시나리오에서 가장 매력을 느꼈던 대목이 궁금하다. 캐릭터, 공감을 부르는 주제, 대사 등등 여러 요소들이 있을 텐데.

나카무라 유코　이 영화의 기저에 깔린 '어떤 형태의 사랑이 있어도 괜찮아. 당신은 그대로도 괜찮아' 하는 주제에 강하게 끌렸고, 공감했다. 그 주제를 구현하는 윤희와 준이 각자의 고독 속에서 마치 눈에 파묻혀 마음이 얼어버린 듯 살아가면서도, 그 눈을 녹일 용기를 원하는 인물이라는 점에도 매료됐다. 또한 어머니와 딸이라는 보편적인 테마에 더해, 새봄과 경수라는 젊은 두 사람이 부여하는 싱그러

운(瑞々しい) 현대성이 작품을 풍요롭게 채색한다는 점에도 마음이 움직였다.

이은선 **준은 섬세하고 신중하며, 조금은 차가운 면이 있고, 다른 사람에게 속내를 잘 내보이지 않는 사람으로 느껴진다. 시나리오를 읽고 상상한 준에 대한 전반적인 인상은 어땠나.**

나카무라 유코 어딘가 불과 같은 정열을 지니고 있지만, 섬세하고 고독한 인물이라고 느꼈다. 상처받지 않기 위해 계속 주변에 벽을 쌓으며 살아온.

이은선 **작품 혹은 캐릭터의 성격이 배우가 지닌 기본적 성정과 잘 맞아떨어지는 경우도 있지만, 정반대인 경우도 있다. 이 작업의 경우엔 어땠는지 궁금하다. 준을 연기하기 위해 나카무라 유코 본연의 모습을 많이 녹였나, 아니면 좀처럼 없는 면들을 더 많이 연기했나.**

나카무라 유코 인간이라면 누구든 각자 고독을 품고 있겠지만, 나는 준만큼이나 아이덴티티를 뒤흔들 만한 강렬한 고독을 경험한 적은 없다. 다만 특별한 누군가를 생각하는 강한 감정은 준과 공통적으로 가진 면인지도 모르겠다. 연기란 본연의 나 자신을 뿔뿔이 해체하고 닮은 듯 닮지 않은 형태로 재구축하는 것이라서, 비슷하다고 할 수도 있고 그 반대라고 할 수도 있다. 고양이를 좋아하는 건 확실한 공통점이다(웃음).

이은선 **준이 일본으로 건너와 마사코 고모와 함께 살았을 이십여 년의 시간은 영화에 자세히 등장하지 않는다. 그 시간 속 준의 삶을 어떤 모습으로 상상했나.**

나카무라 유코 혼란스러웠을 것 같다. 윤희를 향한 격렬한 사랑을 품은 채 자신을 둘러싼 환경에서 도망치듯, 절반은 모국이기도 한 일본으로 건너왔다. 하지만 아버지와 정서적 연결은 전혀 없었고 언어도 익숙하지 않았을 것이다. 또한 당시에는 한국과 마찬가지로 퀴어의 사회적 위치(社會的居場所, 사회적으로 자리할 곳)가 존재하기는커녕 인지조차 되지 못했을 것이다. 여기에 한국인에 대한 사회적 편견이 겹치며 준의 고독은 처절했을 것이라 상상했다. 이를 구해준 이가 마사코다. 마사코는 주위의 편견과 사회적 가치관만을 절대적으로 삼지 않는 인간으로, 준의 사정을 헤아리고서도 받아들이는 큰 그릇을 지닌 사람이라고 생각한다. 준은 그런 마사코와 생활하는 사이에 눈이 녹듯이 점점 마음이 풀렸던 것 아닐까. 마사코는 준에게 햇볕이 내리쬐는 양지 같은 존재였을 것이다.

이은선 **수의사라는 직업이 캐릭터 연구에 영향을 미친 부분이 있을까.**

나카무라 유코 말 못 하는 작은 동물들을 상대하는 수의사라는 직업을 선택한 사람이라면, 근본이 상냥하고 매사를 관찰하는 데 인내가 뛰어나지 않을까. 말할 수 없는 것을 헤아리는 능력도 있고. 한편으로는 인간과의 소통을 잠재적으로 피하고 있다는 의미도 드러나는 것 같다. 작은 동물들에게 자신의 모습을 겹쳐 보았는지도 모른다.

이은선 **편지는 이 영화의 중요한 모티프다. 정확하게는 '부치지 못한 편지'라고 할 수 있을 텐데, 이 모티프에서는 어떤 감흥을 받았나.**

나카무라 유코 편지는 오늘날 더욱 정중하고 특별한 것이 됐다고 생각한다. 현대인은 망쇄(忙殺)한 일상 때문에 편지를 쓸 여유가 없고, 혹여 시간이 있더라도 간단한 이메일을 선택한다. 시간과 노력을 들여

일부러 '보내지 못할 편지'를 쓰는 준이라는 사람의 됨됨이는 그 행위만으로 진한 색채를 머금고, 보내지 못하고 쌓여가는 편지의 층은 고스란히 시간의 층으로 연결된다. 그 섬세하고 정중한 세계를 마주하고 영감이 솟아올랐다.

이은선 **준은 자기 자신을 향한 일기를 쓰듯 윤희에게 편지를 썼던 사람처럼 보인다. 스스로 생각하기에는, 준이 어떤 마음으로 윤희에게 편지를 써왔을 것 같나.**

나카무라 유코 동감한다. 아버지의 죽음이 하나의 계기가 됐듯, 언제나 무언가 마음을 뒤흔들거나 기분을 정리해야 할 때면 애초에 보낼 생각도 없는 편지를 써왔을 것이라 생각한다.

이은선 **사소한 질문이지만, 준은 윤희에게 부치지 못한 수많은 편지들을 어디에 모아두고 있었을까.**

나카무라 유코 분명 평소에는 아무도 보지 않을 곳, 예를 들어 책상 서랍 안쪽의 상자 같은 곳에 숨기지 않았을까.

이은선 **편지 글 내레이션을 녹음하던 상황은 어떻게 기억하고 있나. 준의 편지는 영화 전체의 톤 앤드 매너를 좌우한다고 해도 과언이 아니므로, 배우와 제작진 모두에게 중요한 작업이었을 것이다. 임대형 감독의 특정 디렉션이 있었는지도 궁금하다.**

나카무라 유코 모든 촬영이 끝난 직후 그 자리에서 편집용 가이드로 내레이션을 녹음했다. 임대형 감독이 그 톤을 무척 마음에 들어했고, 정식으로 후시 녹음을 할 때도 그때의 톤을 기본으로 했으면 좋겠다는 요청을 들었다. 아직 다듬어지지 않아 거친 버전이었는데, 준으로서 살아온 감각이 그대로 담겨 있던 타이밍에 가이드를 녹음한 감독의 판단이 훌륭했다고 생각한다.

이은선 **준이 새봄과 윤희를 각각 만났을 때는 한국어 대사를 연기했다. 짧은 문장들이긴 하지만 감정적으로 중요한 장면과 대사 들이라 쉽지 않았을 텐데.**

나카무라 유코 사전에 대화의 흐름을 전부 녹음한 것을 받아서 소리와 뜻을 머리에 넣어둔 상태로 연기했다. 그렇다고는 해도 모국어가 아닌 언어로 연기하는 것이라, 박자를 맞추거나 감정을 싣는 것이 부자연스럽게 느껴졌다. 하지만 극 중 준이 그런 부자연스러움을 느끼는 자리였기 때문에 역할과 어울리게 표현됐다고 생각한다.

이은선 **촬영 전 김희애 배우의 고교 시절 사진을 휴대폰에 저장해두고 매일 바라봤다고 들었다. 이 준비는 구체적으로 어떤 도움이 되었나.**

나카무라 유코 지금까지의 인생 중 가장 눈부시고 생을 실감할 수 있었던, 용솟음치는 듯한 시간을 함께한, 가장 사랑하는 사람. 윤희의 존재 그 자체는 당시 준의 전부였다. 어떻게든 당시의 윤희를 보고 싶다는 생각이 들어 제작진에게 사진을 부탁했다. 그걸 보면서 그때 윤희가 어떻게 웃고 움직이고, 무엇을 말하고 무엇에 눈물 흘렸는지, 머리카락의 향기와 손의 온기 등 두서없이 그를 상상했다. 동시에 그와 떨어져 생긴 공백의 시간 역시 느꼈다.

이은선 **혹시 화면에 잠깐씩 보이는 준의 고등학생 시절 사진도 나카무라 배우 본인의 것인가.**

나카무라 유코　실제 고교생 시절의 사진도 몇 장 있었는데, 혼자 찍은 것이 없기 때문에 분위기가 닮은 배우를 추가 촬영한 것 같다. 이마의 느낌 같은 것들이 닮았더라.

이은선　**마사코를 연기한 키노 하나 배우와의 연기 호흡은 어땠나.**

나카무라 유코　지성과 따뜻함이 동시에 울리는 듯한 목소리를 지닌 분이다. 늘 자연체(自然体, 솔직하고 자연스럽다, 소탈하다 등의 뜻이 있다)에 차밍(charming)하며, 현장에는 육체에 마사코가 깃든 듯 나타나곤 했다. 의식적으로 관계성을 만들 필요조차 느끼지 못했다. 공기를 두르듯 마사코를 연기하는 키노 하나와 마주하면서 준으로서의 감각이 한층 깨어나는 것 같았다. 그와 함께 할 수 있었던 건 나의 재산이다.

이은선　**'언제쯤 눈이 그치려나'는 주로 마사코의 대사인데, 마지막에 준도 한번 이 대사를 말한다. 어떤 마음으로 한 말일까.**

나카무라 유코　마사코의 입버릇이기도 한 그 대사에서는 자연에 대한 두려움과 일종의 단념 같은 요소가 강하게 느껴진다. 그에 비해 준의 대사에는 '눈이 언제쯤 그칠지는 모르지만, 언젠가는 그치겠지'라는, 봄을 예감하는 정서가 담겨 있다고 생각했다. 윤희와 재회한 뒤 인생에서 한 발짝 더 나아갈 준비가 되었던 것은 아닐까.

이은선　**준이 마사코와 포옹하는 장면은 매우 따뜻하고 인상적이다. 이 장면에 오버랩 되는 '나는 이 편지를 쓰고 있는 내가 부끄럽지 않아'라는 내레이션 역시 뭉클하게 기억한다. 이때 준이 느꼈을 감정의 흐름, 혹은 그의 기분을 어떻게 이해했나.**

나카무라 유코 마사코는 말로 하지 않아도 언제나 준의 처지를 걱정한다. 애정 없던 아버지의 죽음이 결코 슬프지는 않지만, 그래도 자기 자신의 절반을 만들어준 사람이 이 세상에서 사라져버린 사실은 준에게 크게 다가온다. 심지어 나머지 절반인 어머니는 소식불통 아닌가. 좋든 싫든 '나는 누구인가'라는 생각에 사로잡혀 있을 때, 흔들리는 마음에 호응하듯 윤희의 그림자가 눈앞에 나타난 것이다. 이런 준의 불안함을 피부로 느낀 마사코는 아무 말도 없이 그저 안아준다. 준은 마사코의 따뜻함을 느끼면서, 처음으로 자기 자신이 차갑게 식어버렸다는 사실을 깨닫는다. 마사코의 성실한 눈빛은 자기 자신을 주시하려는 준의 등을 떠미는 대신 슬며시 지지해준다. 그 장면에는 이십여 년에 걸친 준과 마사코의 관계성이 집약되어 있다고 생각한다.

이은선 **시나리오에는 준이 윤희와 재회한 뒤, 마사코와 했던 것처럼 포옹하는 신이 있더라. 영화 본편에는 실리지 않았는데, 개인적으로는 어느 쪽이 더 마음에 드나.**

나카무라 유코 상상을 더욱 부풀리기 때문에, (해당 장면이) 빠진 쪽을 좋아한다.

이은선 **준은 료코와 있을 때는 조금 다른 사람처럼 보이기도 한다. '혹시 여태까지 숨기고 살아온 게 있다면 앞으로도 계속 숨기고 살라'는 조언을 하는 것을 보면, 준은 료코를 대할 때마다 과거의 자신을 보는 듯한 기분을 느꼈는지도 모르겠다. 료코와 함께 하는 장면들에서 준으로서 주의하려 했던 것들, 혹은 적극적으로 드러내려고 했던 면은 무엇인가.**

나카무라 유코 자신과 같은 비밀을 지닌 료코에게 친근감을 느낀 것도 당연하지만, 연애 상대로서도 매력을 느꼈을 거라고 생각한다. 지적한 대로 과거의 자신을 보듯 그녀를 보기도 했을 것이다. 그렇게 다른 누구를 대할 때와도 다른 미묘한 거리감을 표현하고 싶었다.

이은선 **영화에는 달이 점차 차오르는 모습이 비춰진다. 달이라는 메타포는 준과 윤희의 관계와 어떻게 연결되어 있다고 생각하시는지 궁금하다.**

나카무라 유코 마치 태양처럼 근심 걱정 없이 눈부시게 빛나는 존재였던 두 사람은, 각자 다른 나라에서 고독을 안은 채 살고 있다. 달은 그런 두 사람 사이에 다가가듯 부드럽게 빛을 비춘다. 동시에 아름답게 차오르는 달은, (일본 작가) 나쓰메 소세키의 말("달이 참 예쁘네요.")에 비유해 고조되는 사랑의 상징이기도 할 것이다.

이은선 **영화에서는 오타루에서 돌아온 뒤 윤희의 변화만이 그려진다. 이후 준의 삶은 어떻게 달라졌을지 상상해보신 적이 있나.**

나카무라 유코 문득 한국으로 엄마를 찾아갈지도 모른다고 상상했다. 그런 용기가 윤희와의 재회에서 생겨났을 것만 같다.

이은선 **〈윤희에게〉를 '어머니나 딸이라는 역할 이전에 한 명의 인간으로서, 그 사람이 그 사람답게 살아간다는 것에 대해서 성실한 시선으로 바라본 영화'라고 평한 것을 인상 깊게 보았다. 평소 한 사람이 나 자신으로서 살아가기 위해 필요한 것들은 무엇이라고 생각하나.**

나카무라 유코 자신을 알려고 하는 것, 스스로를 깊이 바라보는 일을 계속하는 것 아닐까. 그리고 그런 자신을 옆에서 바라봐주면 좋을 사람, 혹은 내가 바라보고 싶다고 생각하는 누군가… 그런 식으로 생각하곤 한다.

이은선 한국과 일본 양국 모두에서 퀴어, 그중에서도 중년 여성 퀴어 서사가 흔하지 않기 때문에 〈윤희에게〉의 시도가 무척 반갑게 느껴졌다. 준, 마사코, 새봄, 윤희로 이어지는 여성 가족들의 연대 역시 아름답게 느껴졌다. 배우에게도 이 기획 자체가 반가운 것이었나. 또한 여성 서사, 퀴어 서사로서의 〈윤희에게〉의 강점은 무엇이라 보는지 궁금하다.

나카무라 유코 최초의 흥미는 그 시도에 대해서, 그야말로 모험심을 강하게 자극받아 시작됐다. 미지의 영역에 발을 딛고 싶다는 욕망으로 문을 열어보았더니 카테고리화 했던 것들은 어느새 운산무소(雲散霧消, 구름이 흩어지고 안개가 사라진다는 뜻으로, 걱정이나 의심 따위가 깨끗이 사라짐) 되고, 정신을 차려보니 그곳에는 그저 '사람을 사랑하는 것'이 있었다. 조용하게, 아무런 망설임 없이 흔들리지 않는 확실함을 지닌 채. 여성 서사, 퀴어 서사의 소용돌이에 뛰어들었다는 것이 특별한 것이 아니라, 사람을 사랑한다는 것은 성별과 국경을 초월해 인간이 계속 지속해온 것이다. 임대형 감독으로부터 출발한 메시지는 영화 속 네 여성의 유연한 연대 안에 살아 있다. 그리고 준과 윤희의 뒤에 존재하는 수많은 여성들이 전하는 선물로 인해 빛을 더해 간다. 그런 생각에 조용한 고양감을 느꼈다. 어떤 형태의 사랑이어도 괜찮다. 당신은 그대로도 괜찮으니까.

감독의 말

독자 여러분에게

말할 수 없는 것에 대해서는 말하는 것보다 침묵하는 것이 낫습니다. 오로지 침묵을 잘 지키는 것만으로도 우리는 이 소란스러운 세계에 소음을 더 얹지 않음으로써 긍정적인 기여를 할 수 있지요. 저는 그렇게 믿기에 오랫동안 침묵해왔습니다. 윤리적으로 온당하기 위해 아무것도 말하지 않고 그저 존재하기만 했어요. 그러다보니 언제부터인가 부끄럽게도 침묵하는 것이 제가 가장 자신 있게 잘할 수 있는 일이 되었습니다. 고고한 죽음의 세계에서 뒷짐을 지고 천박한 삶의 세계를 굽어보는 비겁한 인간이 된 것이지요. 저는 더 비겁해지지 않기 위해 만용을 부려 이 시나리오를 집필하기로 결심했습니다. 말할 수 없는 것에 대해 말하기로 한 것입니다. 어쩌면 저는 제가 그토록 혐오하던 뻔한 어른이 되어가는 중인지도 모르겠습니다. 하지만 우리는 모두 모순 속에서 모순을 끌어안고 살아가고 있습니다. 세계와 충돌하지 않고 스스로와 불화하지 않으면서 살아가는 사람은 없을 것입니다. 자가당착의 늪이 깔린 험한 길이라도 걸어야만 하는 내면의 당위가 있다면 반드시 걸어야 하겠지요.

〈윤희에게〉의 시나리오는 초고에서부터 12고에 이르기까지 긴 시간 동안 퇴고의 과정을 거쳤습니다. 그리고 부득이한 사정에 의해 촬영 현장에서도 퇴고의 과정을 거쳐야 했습니다. 그러므로 여러분이 읽으신 이 시나리오 역시 완성된 형태라고 볼 수는 없습니다. 새삼스러운 이야기이겠지만, 시나리오의 완성된 형태는 역시 영화일 수밖에요. 이 시나리오에는 촬영하는 과정에서 잘려나갔거나 편집하는 과정에서 잘려나간 부분들이 고스란히 남아 있습니다. 그러한 부분들이 여러분께서 영화를 보신 뒤 가지셨던 감상을 부디 해치지 않길 바랍니다.

이 책을 출간해주신 출판사 클과 투자배급사 리틀빅픽쳐스, 제작사 영화사 달리기에게 감사드립니다. 부족한 저에게 용기를 준 이 이야기 속의 윤희와 쥰, 새봄과 마사코, 경수를 비롯한 모든 인물들에게 고맙습니다.

임대형

217

임대형

한양대학교 연극영화학과를 졸업했다. 단편 〈레몬타임〉과 〈만일의 세계〉로 다수의 영화제에 초청되었고, 〈만일의 세계〉는 제40회 서울독립영화제 우수작품상을 수상했다. 첫번째 장편영화 〈메리 크리스마스 미스터 모〉는 제21회 부산국제영화제 뉴커런츠 부문에 초청되어 NETPEC상을 수상했고, 제52회 카를로비바리국제영화제 등 다수의 영화제에 초청되었다. 영화 〈윤희에게〉는 그의 두번째 장편영화이다.

나카무라 유코 中村優子

1999년 〈주바쿠〉로 데뷔해 〈호타루〉 〈스트로베리 쇼트케이크〉 등의 대표작이 있으며 2001년에는 부에노스아이레스영화제 여우주연상을, 2007년에는 제28회 요코하마영화제 여우조연상을 수상했다. 2019년 넷플릭스에서 공개 예정인 영국 드라마 〈GIRI/HAJI〉와 한국, 일본, 필리핀 3국 합작영화 〈어떤 방문: 디지털 삼인삼색 2009〉, 처음 출연하는 한국 영화 〈윤희에게〉까지 영화와 드라마를 넘나들며 글로벌한 행보를 보여주고 있다.

이은선

영화 전문지 〈스크린〉, 〈무비위크〉, 중앙일보 〈magazine M〉 취재 기자로 일했으며 다양성 영화 속 여성 캐릭터를 응원하는 연간 프로젝트 '우리, 매일 영화랑'을 기획했다. 현재는 프리랜스 영화 저널리스트로, 방송 활동과 원고 집필, 관객과의 대화(GV), 영화인 인터뷰 진행 등 다양한 분야에서 활동하고 있다.

용기를 내고 싶어.
나도 용기를 낼 수 있을 거야.